8주완성 新HSK 백발백중 쓰기 트레이닝

书写

李冉 · 경은 공저

8주만에 新HSK 5급 합격하기!

5급

지은이

리란 (李冉)

중국심양약학대학교 학사
前) 파고다 외국어 학원 강사
　　KC중국어학원 고려중국센터 新HSK 전문강사
●**주요도서**) 한국최초!HSK 고등 작문을 위한 책**《学生优秀作文点评》**

경은 (본명 : 朴慶恩)

연세대학교 중어중문학과 학사
한국외국어대학교 교육대학원 중국어교육전공 석사
KC중국어학원 고려중국센터 新HSK 전문강사

新HSK 백발백중 5급 쓰기 트레이닝

초판인쇄　2010년　10월 21일
1판　4쇄　2015년　09월 21일

저자　　　리란(李冉), 경은
펴낸이　　엄태상
펴낸곳　　㈜ 시사중국어사
등록일자　1988년　2월　13일
등록번호　제1 – 657호
주소　　　서울 종로구 자하문로 300 시사빌딩
전화　　　주문문의　(02)3676–0808
　　　　　　　내용문의　(02)3671–0542
팩스　　　(02)747–1945
홈페이지　book.chinasisa.com
이메일　　sisachinabook@hanmail.net

〈新HSK 백발백중 5급 쓰기 트레이닝〉은 한국에서 HSK 강의 10년 동안 고등HSK(기존 HSK 9급~11급) 합격자 最多 배출 명성의 李冉 강사와 新HSK 전문가 경은 강사가 汉办의 新HSK 시험요강을 분석한 후 최신 정보와 기출문제를 수집하고 출제 경향 및 문제유형을 연구하여 新HSK를 준비하는 응시자들의 중국어 학습에 도움을 드리고자 제작된 교재입니다.

新HSK 쓰기(书写) 출제 경향 파악, 기출문제를 통해 실전 능력 배양

新HSK를 기존 HSK와 비교했을 가장 큰 변화는 쓰기(书写) 영역과 말하기 시험의 신설입니다. 말하기 시험은 선택 응시가 가능한 반면 쓰기(书写)는 응시자라면 반드시 통과해야 할 관문이므로, 기존 HSK의 객관식 문제에 익숙한 학습자들에게 100% 주관식 형태로 이루어지는 쓰기(书写)는 실로 넘기 힘든 난관이라고 할 수 있습니다. 본 교재는 新HSK 5급 응시자들에게 어떤 식으로 쓰기(书写)에 대비하고 어떻게 해야 좋은 성적을 거둘 수 있는지를 다양한 문제들을 통해 제시하고 있습니다. 수록된 문제들은 최신 출제 경향을 반영하고 기출문제를 토대로 만들어진 것들로써 본 교재를 통해 실제 시험의 문제해결 대처 능력을 배양하실 수 있습니다.

쓰기(书写) – 新HSK 합격을 넘어 진정한 중국어 고수가 되기 위한 포석

단순히 몇 급인지를 논하던 기존 HSK와 달리, 新HSK에서는 성적표에 급수가 표시되는 것 외에도, 듣기·독해·쓰기 영역별 점수가 고스란히 공개되므로 같은 5급 합격자일지라도 개인별 영역별 득점 정도가 중시됩니다.

쓰기(书写) 실력은 주관식으로 평가되므로 요행을 바라기 어렵습니다. 뿐만 아니라 녹음 절차를 거쳐야 하는 말하기와는 달리 서면작성으로 비교적 쉽게 사후 채점이 가능하기 때문에 한 개인의 중국어 실력을 평가하는 방법으로 쓰기보다 더 좋은 방법은 없다고 할 수 있습니다. 최근 진학, 유학, 취업, 업무 현장에서도 갈수록 실제 언어표현 능력을 강조하는 추세이므로 더욱 철저히 쓰기(书写) 실력을 배양해야 합니다.

상세한 설명과 다양한 예문을 통한 응용력 강화

쓰기(书写)는 5급뿐만 아니라 6급에서도 고득점의 문을 여는 열쇠이며 중국어 고수가 되기 위해 반드시 거쳐야할 훈련과정입니다. 따라서 우선적으로 5급 쓰기(书写)에서는 기본

어휘(新HSK 5급 필수 어휘 2500개)를 활용하여 기본적이면서도 중국인들이 자주 사용하는 구조 문형에 적용시키고 유사 문장으로 변형·확장하는 훈련을 통해 기초를 탄탄히 다져야만 합니다. 본 교재는 위와 같은 내용을 기반으로 하여 상세한 설명과 다양한 예문을 덧붙여 학습자의 이해를 돕고 실전 응용력을 강화시키는데 주력하였습니다.

이 책이 나오기까지 적극 지원해 주신 KC중국어 학원 고려중국센터 관계자 여러분께 감사드리고, 출판 기획에서부터 원고의 마무리까지 세심하게 살펴주신 출판사 편집팀에 깊은 감사를 드립니다. 또 자료 수집과 번역·원고 감수에 동참해주신 '리란&경은 新HSK 완전정복' 팀 우자영 실장, 박행순 수석연구원, 김덕진 팀장의 노고에 한없는 사랑과 깊은 감사를 전합니다.

2010년 10월
리란(李冉)·경은

차 례

이 책의 구성

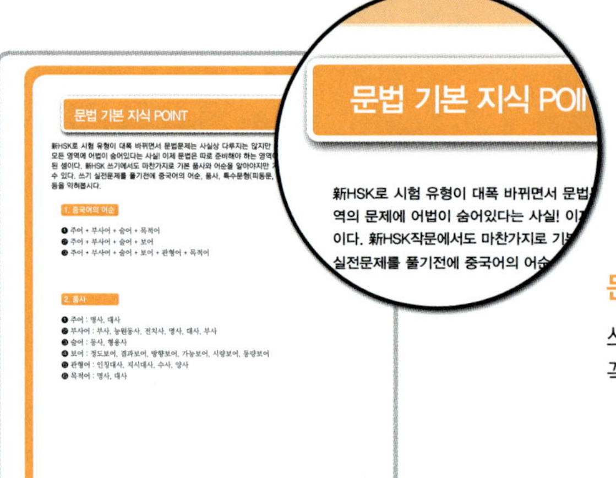

문법 POINT !

쓰기의 기초는 문법입니다.
꼭 알아야 할 기본 문법을 공부합니다!

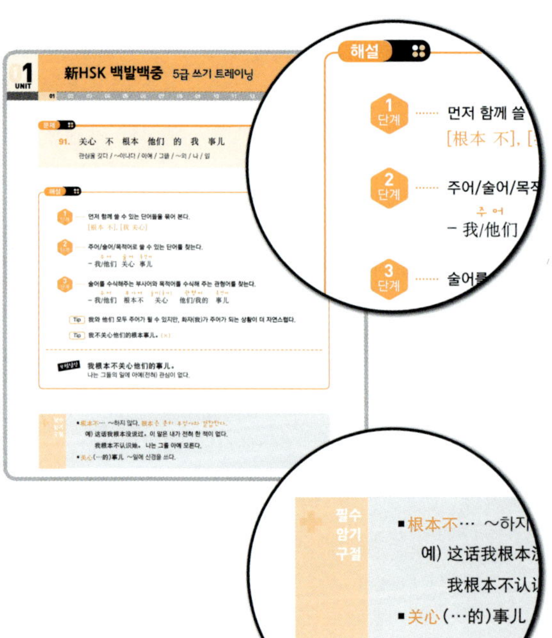

단계별 해설이 한 눈에 쏙!

보다 쉬운 단계별 문제풀이 방법의 접근으로
5급 작문의 고득점에 한걸음 다가갑니다!

필수 암기 비법!

중요한 어휘, 표현 등을 자세히 공부합니다.
다양한 예문을 보면서 응용하고 내 것으로
만듭니다!

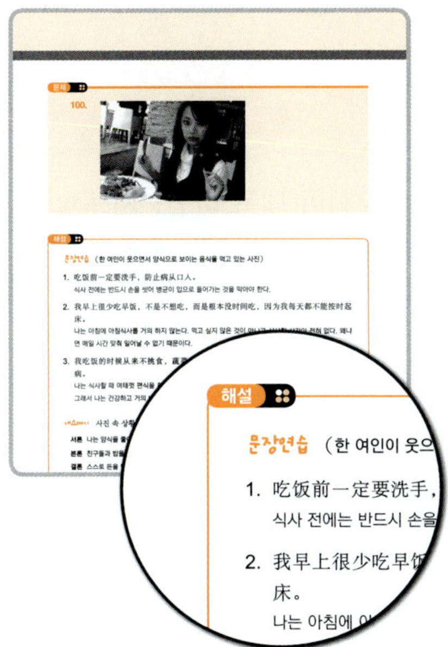

99번 100번 쓰기 문제 완전 정복!

다양한 문장연습으로 쓰기 연습과 서론〉본론〉결론의 기초 개요를 짜는 연습을 통해 원고지 쓰기 문제의 두려움을 타파합니다!

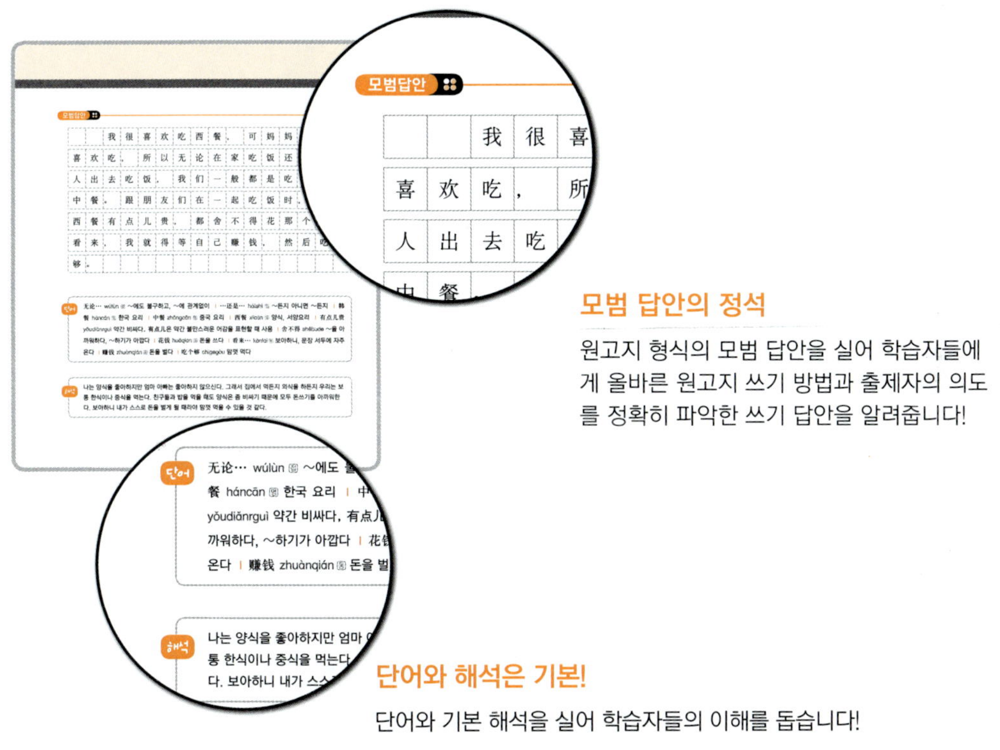

모범 답안의 정석

원고지 형식의 모범 답안을 실어 학습자들에게 올바른 원고지 쓰기 방법과 출제자의 의도를 정확히 파악한 쓰기 답안을 알려줍니다!

단어와 해석은 기본!

단어와 기본 해석을 실어 학습자들의 이해를 돕습니다!

문법 기본 지식 POINT

新HSK로 시험 유형이 대폭 바뀌면서 문법문제는 사실상 다루지는 않지만 실제로 新HSK의 모든 영역에 어법이 숨어있다는 사실! 이제 문법은 따로 준비해야 하는 영역이 아니라 기본이 된 셈이다. 新HSK 쓰기에서도 마찬가지로 기본 품사와 어순을 알아야지만 기본 문장을 만들 수 있다. 쓰기 실전문제를 풀기전에 중국어의 어순, 품사, 특수문형(피동문, 겸어문, 존현문) 등을 익혀봅시다.

1. 중국어의 어순

❶ 주어 + 부사어 + 술어 + 목적어
❷ 주어 + 부사어 + 술어 + 보어
❸ 주어 + 부사어 + 술어 + 보어 + 관형어 + 목적어

2. 품사

❶ 주어 : 명사, 대사
❷ 부사어 : 부사, 능원동사, 전치사, 명사, 대사, 부사
❸ 술어 : 동사, 형용사
❹ 보어 : 정도보어, 결과보어, 방향보어, 가능보어, 시량보어, 동량보어
❺ 관형어 : 인칭대사, 지시대사, 수사, 양사
❻ 목적어 : 명사, 대사

명사	사람 혹은 사물의 이름을 말하며 문장에서 주로 주어나 목적어 역할을 한다.
동사	주어가 하는 동작을 나타내며 문장에서 술어의 역할을 담당한다. 뒤에 목적어를 동반할 수 있다.
조동사	1. 이름 그대로 동사 앞에서 동사의 의미를 도와주는 역할을 한다. 2. 가능성과 소망 등을 나타낸다고 하여 능원동사라고도 한다. 3. 부정은 **不**를 사용한다. 예외) **没能** 　주어 + 부사 + 조동사 + 술어
형용사	주어의 상태를 서술해주며 문장에서 정도부사의 수식을 받아 술어가 될 수 있다. 단 뒤에 목적어를 수반할 수 없다.
양사	양을 세는 단위로 명사의 수량을 세는 명량사와 동작의 횟수를 세는 동량사로 나뉜다. 1. 명량사 : 수사 + 양사 + 명사 **一 顿 饭** 밥 한 그릇 2. 동량사 : 동사 + 수사 + 양사 **去 一 趟** 한 차례 가다
대사	어떤 것을 대신 지칭해주는 말로 인칭대사, 지시대사, 의문대사가 있다.
부사	동사나 형용사를 수식해 주는 성분이다. 정도, 범위, 부정, 빈도 등을 나타낸다. 주어 + 부사 + 술어
전치사 (개사)	전치사(개사) 단독으로는 의미를 구성하지 못하므로 반드시 뒤에 명사나 대사를 대동하여 전치사구를 만든다. 시간, 장소, 방향, 대상, 원인, 목적, 도구, 방식, 비교 등을 나타낸다. 주어 + 부사 + 조동사 + 전치사구[전치사+명사구] + 술어 + 목적어
조사	단어나 구, 문장 등에 붙어 실질적인 의미는 없이 문법적인 특성만 갖는다. 동태조사 : 동작의 상태를 나타낸다. 동사 + **了** : 완료 동사 + **着** : 지속 동사 + **过** : 경험
구조조사 : 수식어 + 중심어	1. **的** 　인칭대사/명사 + **的** + 명사 : 소유관계 …의 　동사/형용사 + **的** + 명사 : 관형어 …하는, …한 　동사/형용사 + **的** : 명사화 … 하는 사람, …한 것 2. **地** 　형용사 + **地** : 부사화 3. **得** 　동사 + **得** + 보어 : 가능보어 　동사/형용사 + **得** + 보어 : 정도보어

把자문 : 주어 + 把 + 목적어 + 동사 술어 + 기타성분
주어가 목적어를 어떻게 처치했다는 의미를 나타내는 처치문이다. 목적어는 반드시 특정한 것이어야 한다. 동사 특히 단음절 동사는 단독으로 술어가 될 수 없으며 반드시 기타성분을 동반해야 한다.

❶ 동사 + 기타성분
　동사 + 了/着
　동사 + 보어(가능보어 제외)
　동사의 중첩형

❷ 조동사, 부정부사, 시간보사는 일반적으로 把의 앞에 온다.

被자문 : 주어(피해자) + 被/让/叫 + 목적어(가해자) + 동사술어 + 기타성분
주어가 …에 의해 어떤 일을 당했다는 의미를 나타내는 피동문이다.
把자문에서 주어와 목적어가 바뀐 경우라고 할 수 있으므로 문법적인 특징이 비슷하다.
被는 뒤의 목적어를 생략할 수 있으나 让/叫은 대상이 되는 목적어를 생략할 수 없다.
부사 不，也 등과 조동사는 일반적으로 让 앞에 온다.

존현문 : 장소/시간 + 동사 + 동태조사/보어 + 사람/사물
사람이나 사물의 존재, 출현, 소실을 나타내는 문장이다.
존현문의 목적어는 반드시 불특정한 누구 혹은 무엇이어야 한다.
장소나 시간을 나타내는 말 앞에 在나 从 등을 붙일 수 없다.
❶ 有 존재문 : 장소 + 有 + 존재하는 사람/사물[불특정한 것] ～에는 ～이 있다.
❷ 是 존재문 : 장소 + 是 + 존재하는 사람/사물 ～은 ～이다.
❸ 在 존재문 : 존재하는 사람/사물 ～은 + 在 + 장소 ～에 있다.

연동문 : 주어 + 동사 + (목적어) + 동사 + 목적어
하나의 주어와 순서를 바꾸어 쓸 수 없는 두 개 이상의 술어로 이루어진 문장이다.

겸어문 : 주어 + 동사 + 목적어 겸 주어 + 동사
한 문장 안에 두 개의 서술어가 있는데, 앞 서술어의 목적어가 뒤 서술어의 주어가 되는 문장이다. 请/让/叫/使/令/有 등의 동사가 앞 서술어로 흔히 쓰인다.

新HSK 5급 쓰기 시험 POINT

쓰기 1부분 [문제+풀이]

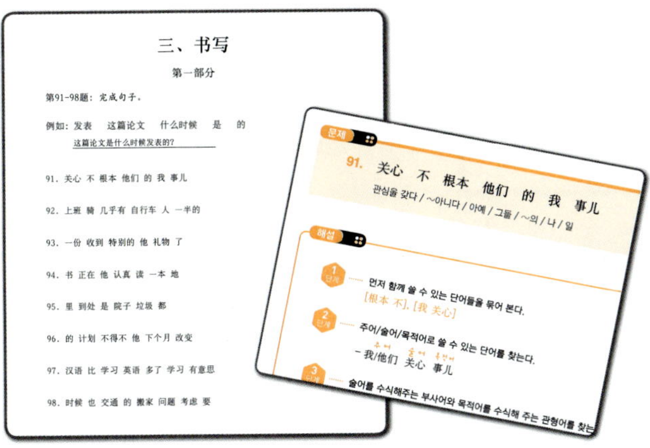

쓰기 1부분 시험유형 길잡이 91번~98번 어순 배열 문제

문제풀이 방법

1단계 ☞ 각 제시어들의 뜻을 파악한다. 어순 배열 문제에서 무엇보다 선행되어야 할 조건이다. 단어의 뜻을 알아야만 품사를 알 수 있고 그래야 품사에 따라 그 위치를 정할 수 있기 때문이다. 따라서, 기본어휘는 반드시 알아야 한다.

2단계 ☞ 주어진 단어를 중국어 기본어순[주어 + 술어 + 목적어]에 따라 배열한다. 이때 술어를 찾는 가장 먼저 찾는 것이 좋다. 그 후 술어와 짝이 될 수 있는 목적어, 술어 + 목적어의 주체를 찾으면 된다.

3단계 ☞ 중국어는 搭配가 중요하다. 즉 함께 어울리는 단어조합이 거의 고정되어 있으므로, 만약 눈에 띄는 단어조합이나 구절이 있으면 이들을 먼저 배치한 후 기본어순을 구성해도 된다.

4단계 ☞ 특수구문인 문장은 특수구문의 구조에 맞게 단어를 배열한다. 把자문, 被자문, 연동문 등

5단계 ☞ 주어나 목적어를 수식하는 관형어와 술어 앞에 놓일 부사어를 찾아 배치한다.

6단계 ☞ 마지막으로 전체 문장을 검토하고 확인한다.

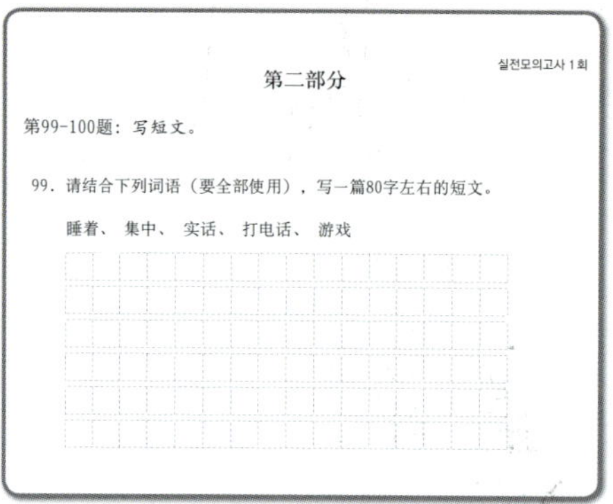

작문 2부분 시험유형 길잡이 99. 주어진 단어를 사용하여 80자 단문 짓기 문제

문제 풀이 방법

1단계 ☞ 주어진 단어의 의미와 품사를 파악한다.

2단계 ☞ 주어진 단어를 사용하여 만들 수 있는 짧은 문장들을 구상한다.

3단계 ☞ 구상한 문장들의 선후 배치를 결정하고 각 문장을 연결해주는 고리역할을 할 문장을 추가한다.

4단계 ☞ 원고지 작성법을 준수하여, 예쁜 글씨로 문장을 적는다. 원고지의 첫 두 칸은 비우고 써야하며, 문장 부호는 글자처럼 한 칸에 하나씩만 써야 한다.

5단계 ☞ 마지막으로 전체 문장을 검토하고 문장부호나 한자를 잘못 쓰지는 않았는지, 논리상의 비약은 없는지 확인한다.

6단계 ☞ 구상부터 원고지 작성까지 15분 내에 마무리한다.

○ 주어진 단어들 중 같이 사용할 수 있는 단어들을 묶어본다. 한 문장 안에서 주어진 5개(혹은 6개)의 단어를 한꺼번에 다 쓰려는 욕심은 버리자! 한 문장에 한 단어를 사용해도 좋고, 두 단어를 사용해도 좋다. 그러나 반드시 '단어의 용법과 중국어 구조에 맞는'바른 문장을 만들어야 된다. 이 때, 원고지에 연필로 간단히 메모를 하면서 생각해도 좋다. 구상 후에는 반드시 지우개로 깨끗이 지울 것!

○ 쓰기는 주관식이므로 기계가 아닌 사람의 손을 거쳐 채점된다. 따라서 불가피하게 채점관의 주관적인 평가가 반영될 수밖에 없다. 그러므로 응시자는 가능한 긍정적인 내용의 글과 아름다운 글씨체로 채점관의 '환심(!)'을 사기 위한 노력을 할 필요가 있다. 내용도 우울한데 글씨까지 엉망인 답안을 보고 후한 점수를 줄 채점관은 많지 않기 때문이다.

○ 쓰기를 잘하기 위해서 꼭 필요한 것이 '사고력'이다. 사고력의 향상 없이, 단편적인 단어 암기로는 문장을 구성하는데 한계가 있으므로 좋은 글을 쓸 수 없다. 따라서 평소에 폭넓은 독서와 다양한 주제들에 대해 자신의 생각을 정리하여 글로 적어보는 습관을 기름으로써 사고력을 향상시켜야 한다. 중국어뿐만 아니라 우리말로 작문하는 연습을 꾸준히 하는 것은 궁극적으로 작문 능력을 향상시켜 줄 것이다.

쓰기 2부분-② [문제]

100. 请结合这张图片写一篇80字左右的短文。

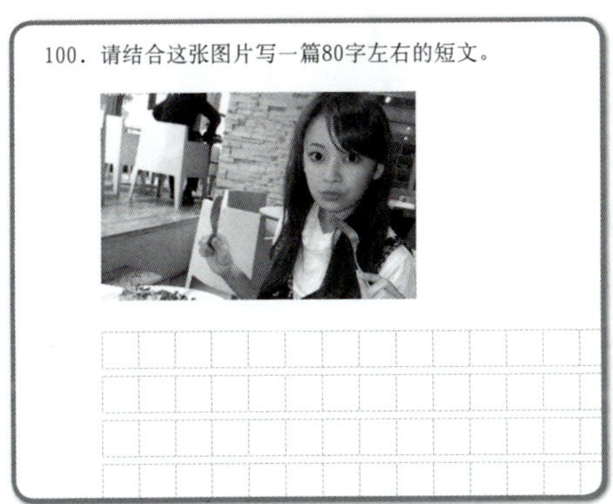

문제 풀이 방법

1단계 ☞ 주어진 그림을 분석한다.

2단계 ☞ 그림을 통해 유추해 낼 수 있는 상황과 내용을 '누가/언제/어디서/무엇을/어떻게/왜' 하는지 위주로 자유롭게 상상하여 구상한다.

3단계 ☞ 원고지 작성법을 준수하여, 예쁜 글씨로 문장을 적는다.

4단계 ☞ 마지막으로 전체 문장을 검토하고 문장부호나 한자를 잘못 쓰지는 않았는지, 논리상의 비약은 없는지 확인한다.

5단계 ☞ 구상부터 원고지 작성까지 15분 내에 마무리한다.

쓰기 2부분-② [풀이]

○ 주어진 그림에는 힌트만 있을 뿐 어떠한 제약도 없다. 그림에 등장한 인물을 자신과 동일시해도 좋고, 내가 아는 누군가라고 가정해도 무관하다. 그림 안에 사물이 있다면 '나의 것'이라고 해도 좋고, '내 친구의 것'이라고 해도 상관없다. 예를 들어, 2010년 3월 시행된 新HSK 5급 시험에는 두 사람이 정수기를 사이에 두고 마주보고 서있는 그림이 출제되었다. 그 그림을 보고 어떤 글을 쓰는 것이 좋을까? 정답은 없다. 그림과 유관하다면 어떤 각도에서 그림을 묘사하고, 무슨 내용을 구상하든지 상관없다. 중요한 것은 채점관이 '응시자의 문장과 제시된 그림과의 관련성', '작성한 문장에 오류 존재 여부'와 '문장의 논리적 짜임새'를 평가한다는 것이다. 따라서 '나는 오늘 小李와 휴게실에서 차를 마셨다.'라고 해도 좋고, '小李네 회사에는 본래 정수기가 없었는데, 오늘 새로 정수기를 설치했다. 그래서 직원들이 모두 기뻐했다'라고 해도 훌륭한 문장이 될 수 있다. 마음껏 상상의 나래를 펼쳐보자! 그림에 등장하는 인물이나 사물의 명칭(예를 들면 '정수기')

을 중국어로 뭐라고 하는지 단어가 생각나지 않는다고 좌절할 필요는 전혀 없다. 왜? '정수기'를 사용하지 않고서도 얼마든지 문장을 만들 수 있기 때문이다. 모르는 것에 얽매여 괴로워하며 시간을 낭비하지 말고, 내가 표현할 수 있는 부분에 초점을 맞추고 그것에 승부를 걸면 된다. 문제 안의 어디에도 '그림 안의 모든 인물과 사물을 중국어로 묘사하시오'라는 주문이 없다는 사실을 절대 잊지 말자!

✳ 쓰기 고득점 전략

新HSK의 경향을 한마디로 요약하자면 '기본적인 내용을 짧은 시간 내에 정확히 표현해 내기'라고 할 수 있다. 이러한 경향은 작문에도 그대로 반영되므로, 문장을 길고 화려하게 쓰려다가 오류를 범하는 것보다는 주어진 단어의 의미를 정확히 파악하고, 용법과 구조에 맞게 적절히 사용하는 것이 중요하다. 따라서 학습자가 新HSK 5급 쓰기에서 고득점을 취득하기 위해서는 기본적인 내용을 조금의 실수도 없이 정확히 표현해내는 훈련이 우선되어야 한다. 심오한 사상이 담긴 미사여구로 장식된 오류문장 10개 보다, 유치원생들이 구사할 법한 단순한 내용일지라도 한 점의 오류도 없이 정확히 표현된 문장이 오히려 채점자들로부터 후한 점수를 받게 된다는 사실을 꼭 기억하자!

国家汉办/孔子学院总部
Hanban/Confucius Institute Headquarters

新 汉 语 水 平 考 试
Chinese Proficiency Test

HSK（五级）成绩报告
HSK (Level 5) Examination Score Report

姓名：
Name

性别： 国籍：
Gender　　　　Nationality

考试时间： 年 月 日
Examination Date　　　　Year　　Month　　Day

编号：
No.

	满分 （Full Score）	你的分数 （Your Score）
听力 （Listening）	100	
阅读 （Reading）	100	
书写 （Writing）	100	
总分 （Total Score）	300	

总分180分为合格 （Passing Score：180）

主 任　　　　　　　　 国家汉办
Director　　　　　　　　 Hanban
　　　　　　　　　　　　 HANBAN

中国 · 北京
Beijing · China

新HSK 5급 백발백중 쓰기 트레이닝 문제집

三、书写

第一部分

第91-98题：完成句子。

例如：发表　　这篇论文　　什么时候　　是　　的

　　　　这篇论文是什么时候发表的？

91. 关心　不　根本　他们　的　我　事儿

92. 上班　骑　几乎有　自行车　人　一半的

93. 一份　收到　特别的　他　礼物　了

94. 书　正在　他　认真　读　一本　地

95. 里　到处　是　院子　垃圾　都

96. 　网吧　几乎　他　都　每天　去

97. 汉语　比　学习　英语　多了　学习　有意思

98. 时候　也　交通　的　搬家　问题　考虑　要

第二部分

第99-100题：写短文。

99．请结合下列词语（要全部使用），写一篇80字左右的短文。

睡着、 集中、 实话、 打电话、 游戏

100．请结合这张图片写一篇80字左右的短文。

三、书写

第一部分

第91-98题：完成句子。

例如：发表　这篇论文　什么时候　是　的

　　　　这篇论文是什么时候发表的？

91. 睡　他　已经　午觉　了　习惯

92. 上　放着　桌子　糖　大盒　两

93. 个子　他的　高　多了　比　我

94. 给　一个　爸爸　名字　起了　狗　非常好听的

95. 听　一边　他　看书　音乐　喜欢　一边

96. 儿子　爸爸回来　等　非要　睡觉　再

97. 影响　怕　这样　他们俩的　他　关系　做

98. 上海　曾经　两次　我　过　去

第二部分

第99-100题：写短文。

99．请结合下列词语（要全部使用），写一篇80字左右的短文。

习惯、 喝水、 忘了、 牛奶、 拉肚子

100．请结合这张图片写一篇80字左右的短文。

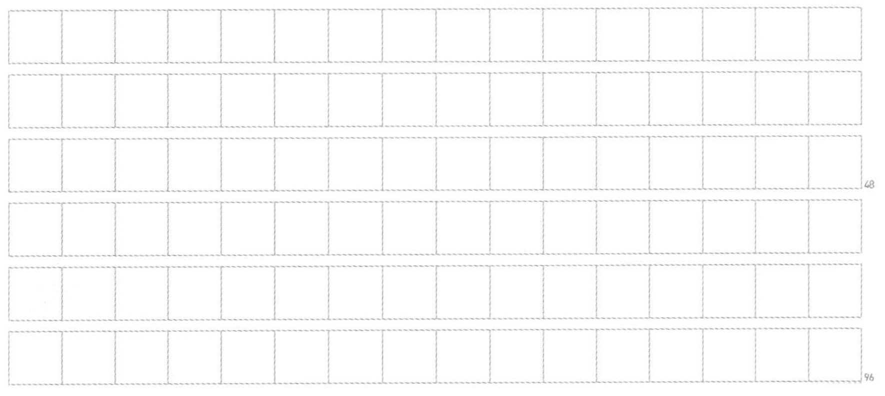

三、书写

第一部分

第91-98题：完成句子。

例如：发表　这篇论文　什么时候　是　的

　　　　<u>这篇论文是什么时候发表的？</u>

91. 多　这个　病人　医院　越来越　的

92. 担心　总是　哥哥的　妈妈　身体

93. 亲戚　听说　是　王经理的　他

94. 新鲜　又　这里　苹果　的　又　大

95. 麻烦　粗心　给　确实　不少　带来　他

96. 来一趟　明天　学校通知　务必　到　他　学校

97. 让　我　告诉　不　把这件事　妈妈　别人

98. 重要性　你　要　知道　一定　让他　学汉语的

第二部分

第99-100题：写短文。

99．请结合下列词语（要全部使用），写一篇80字左右的短文。

电视、 吃饭、 一起、 和睦、 心里

100．请结合这张图片写一篇80字左右的短文。

三、书写

第一部分

第91-98题：完成句子。

例如：发表　这篇论文　什么时候　是　　的

<u>　　这篇论文是什么时候发表的？　　　　　</u>

91. 可口　妈妈　的　做　饭菜　非常

92. 手机　肯定　他　是　忘了　了　带

93. 时间　飞机　就要　马上　到了　的　起飞

94. 太大　最近　他　工作　了　感到　压力

95. 无聊的时候　打发　用　他　看书　来　时间

96. 不舒服　妈妈　总是　最近　身体　感到

97. 一般　喝　下午　不　咖啡　我

98. 墙上　同学们　教室的　贴着　学习计划　写的

第二部分

第99-100题：写短文。

99．请结合下列词语（要全部使用），写一篇80字左右的短文。

自行车、 害怕、 撞到、 羡慕、 很棒

100．请结合这张图片写一篇80字左右的短文。

三、书写

第一部分

第91-98题：完成句子。

例如：发表　这篇论文　什么时候　是　的

　　　<u>这篇论文是什么时候发表的?</u>

91．今天　一身　穿　了　他　蓝色的西装

92．批评了一顿　今天　老师　又　他　把

93．集中　上课　他　的时候　不能　总是

94．根本　她　问题　这么做　解决不了

95．事儿　他　做　一件　了　不应该做的

96．走来　向我　面带微笑　一个女孩　地

97．不是　他　不来　因为　的　身体不舒服

98．离开　亲眼看到　我　他背着　学校　书包

第二部分

第99-100题：写短文。

99. 请结合下列词语（要全部使用），写一篇80字左右的短文。

减肥、计划、不远、坚持、放弃

100. 请结合这张图片写一篇80字左右的短文。

三、书写

第一部分

第91-98题：完成句子。

例如：发表　这篇论文　　什么时候　　是　　的

　　　　这篇论文是什么时候发表的?
　　　　————————————————————

91．反效果　会　孩子　有　对　过分严格

92．兴趣　对　我　绘画　浓厚　有　的

93．借走了　昨天　把　他　我的词典

94．不爱说话　他　的　不喜欢　人

95．郊游　跟　家里人　明天　去　要　他

96．属于　不懈努力　未来　人　的

97．十年以前　那　的　了　事　已经　是

98．一个多小时　在这儿　我　已经　等　了　他

第二部分

第99-100题：写短文。

99. 请结合下列词语（要全部使用），写一篇80字左右的短文。

放学、作业、补习班、写不完、连…都…

100. 请结合这张图片写一篇80字左右的短文。

三、书写

第一部分

第91-98题：完成句子。

例如：发表　这篇论文　什么时候　是　的

　　　这篇论文是什么时候发表的?

91. 热情　老王　工作　对　一股　总是有

92. 吧　拿走　你　喜欢的话　就　要是

93. 三个　离　时间　吃饭　小时　还有

94. 别人的东西　借　就　还　快点　了

95. 喜欢不喜欢　才　不管　他　呢　你

96. 一个民间故事　由　这部电影　的　改编　是

97. 十天　离开　了　爸爸　家　大概有

98. 做　他　事儿　什么　想得太多　都

第二部分

第99-100题：写短文。

99．请结合下列词语（要全部使用），写一篇80字左右的短文。

最近、健身房、坚持、下决心、放弃

100．请结合这张图片写一篇80字左右的短文。

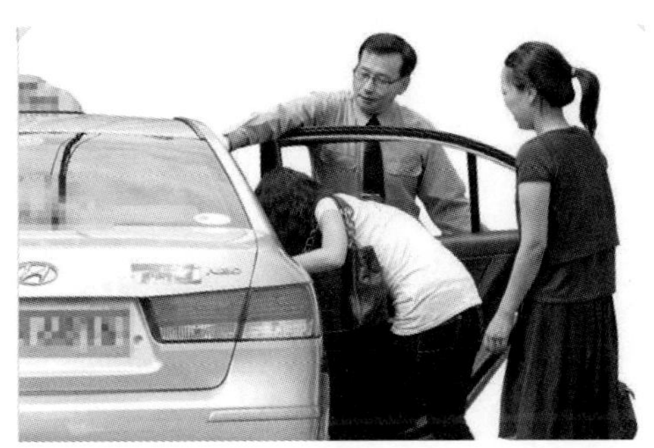

三、书写

第一部分

第91-98题：完成句子。

例如： 发表　这篇论文　什么时候　是　的

　　　　这篇论文是什么时候发表的? ________________

91. 坐落　百货商店　市中心　在　那家

92. 实习　我　今年三月份　要　一个中学　去

93. 一顿饭　就　今天　吃　了　我

94. 发现　钱包　的时候　结账　才　没带

95. 呢　一大堆　还有　洗　没　衣服

96. 挂着　的　门上　游人止步　牌子

97. 罚站　弟弟　老师　被　了　又

98. 哥哥　最近　他　工作　找　正忙于

第二部分

第99-100题：写短文。

99．请结合下列词语（要全部使用），写一篇80字左右的短文。

约好、附近、看电影、经常、容易

100．请结合这张图片写一篇80字左右的短文。

三、书写

第一部分

第91-98题：完成句子。

例如：发表　这篇论文　什么时候　是　的

　　　<u>这篇论文是什么时候发表的？</u>

91. 勾起　对过去的　这件事　了　他　回忆

92. 生气　了　今天　他　惹　妈妈　又

93. 录取　他　了　被　那所　名牌大学

94. 结婚　找不到　我　不　理想的对象　就

95. 的　人　遵守　最讨厌　时间　我　不

96. 令我佩服　分析　对问题　他　的　很

97. 激烈　竞争　社会　的　现在　越来越

98. 打电话　想　吃完饭　再　他　给　我

第二部分

第99-100题：写短文。

99．请结合下列词语（要全部使用），写一篇80字左右的短文。

早饭、饿、休息、便利店、有效期

100．请结合这张图片写一篇80字左右的短文。

三、书写

第一部分

第91-98题：完成句子。

例如：发表　这篇论文　什么时候　是　的

<u>　　这篇论文是什么时候发表的?　　　　　　</u>

91. 出差　由　费用　承担　公司　的　这次

92. 生气　了　他　我　看　有点儿

93. 丢三落四　这样　姐姐　的　总是

94. 热情　他　今天　一点儿也　不　对我

95. 美好的　留下　给　这次春游　了　我　回忆

96. 放着　热乎乎的　咖啡　一杯　桌子上

97. 相信　跟她　的　我　说　老王不会

98. 开心　很会　别人　他　逗

第二部分

第99-100题：写短文。

99．请结合下列词语（要全部使用），写一篇80字左右的短文。

放学、钱包、吓一跳、教室、桌子

100．请结合这张图片写一篇80字左右的短文。

三、书写

第一部分

第91-98题：完成句子。

例如：发表　这篇论文　什么时候　是　　的

　　　<u>这篇论文是什么时候发表的?　　　　　</u>

91．进站　火车　马上　了　就要

92．上当受骗　你　小心　千万　可　要

93．多少钱　今天　没　请客　我　花

94．小气　别人　在　看来　很　他

95．动不动　开心　就　我　拿　他

96．一个神话　电视剧　这个　于　取材

97．重要　这次的事　对　很　他　来说

98．考完　期末　总算　了　考试

第二部分

第99-100题：写短文。

99. 请结合下列词语（要全部使用），写一篇80字左右的短文。

饭馆、 外面、 高兴、 商量、 自助餐

100. 请结合这张图片写一篇80字左右的短文。

三、书写

第一部分

第91-98题：完成句子。

例如：发表　这篇论文　什么时候　是　的

　　　<u>这篇论文是什么时候发表的？　　　　　　</u>

91．错误　承认　就要　犯了　敢于　错误

92．知道　愿意　他　不　让妈妈　这件事

93．瞒着我　弟弟　肯定　最近　有什么事

94．睡好觉　了　已经　三天　我　没

95．专家　电脑　方面　在　他　是

96．这个　比　可　我的房间　房间　暖和多了

97．老师　小王　他的名字　不记得　以为　了

98．了　毕业　大学　我　快　五年

第二部分

第99-100题：写短文。

99．请结合下列词语（要全部使用），写一篇80字左右的短文。

离、 晚饭、 散步、 长椅、 聊天

100．请结合这张图片写一篇80字左右的短文。

三、书写

第一部分

第91-98题：完成句子。

例如：发表　这篇论文　什么时候　是　的

　　　这篇论文是什么时候发表的？

91. 毕业　还有　就　了　两个　月

92. 带作业本　忘了　今天　弟弟　了　又

93. 他女朋友　好几次　给　每天　电话　打　他

94. 又　发现　她　最近　了　增加　她的体重

95. 知识　丰富　我们　多看书　的　能

96. 向　我　他　招了招　微笑着　手

97. 两个　可能　他　小时　来　以后

98. 已经　我　三回　警告　了　他

第二部分

第99-100题：写短文。

99．请结合下列词语（要全部使用），写一篇80字左右的短文。

组织、春游、盼着、意义、好吃的、重视

100．请结合这张图片写一篇80字左右的短文。

三、书写

第一部分

第91-98题：完成句子。

例如：发表　这篇论文　什么时候　是　　的

　　　　<u>这篇论文是什么时候发表的？</u>

91．还有　上课　时间　15分钟　离

92．一顿饭　一整天　今天　只　他　吃　了

93．补习班　下班后　还得　上课　去　他

94．最　起码　每天　要　7个小时的觉　睡

95．对　我　一点　没有　他　好感　也

96．欣赏　老板　的　他　很　才能

97．老师　她　让　教室里　等着　在

98．上课　总是　的　集中不了　时候　我

第二部分

第99-100题：写短文。

99．请结合下列词语（要全部使用），写一篇80字左右的短文。

书店、自学、基础、选、好书、看来看去

100．请结合这张图片写一篇80字左右的短文。

三、书写

第一部分

第91-98题：完成句子。

例如：发表　这篇论文　什么时候　是　的

　　　这篇论文是什么时候发表的？

91．很顺利　讨论　得　进行

92．进步　使　谦虚　人

93．对　部长　有　公司　突出贡献

94．长城　奇迹　建筑史上的　是　被称为

95．乌龟　长寿　着　象征

96．差别　心理承受能力　很大　儿童的

97．决定　他们　学习时间　延长　适当

98．把　删除了　全部　她　手机里的短信

第二部分

第99-100题：写短文。

99．请结合下列词语（要全部使用），写一篇80字左右的短文。

运动鞋、 牌子、 考试、 看中、 真的 、下功夫

100．请结合这张图片写一篇80字左右的短文。

三、书写

第一部分

第91-98题：完成句子。

例如：发表　这篇论文　什么时候　是　的

　　　这篇论文是什么时候发表的？　　　　　　　

91. 干干净净　他　把　得　收拾　宿舍

92. 那个　批准　设计方案　了　获得

93. 登记一下　柜台前　马上　去　请您

94. 不能　了　推迟　再　会议日期

95. 录用　被　外企公司　一家　他　了

96. 门上　令人　牌子　的　挂着　注目

97. 酒吧　一家　小李　在经营　一直

98. 要学会　我们　事物　角度　观察　从不同的

第二部分

第99-100题：写短文。

99．请结合下列词语（要全部使用），写一篇80字左右的短文。

老师、 算是、 经验、 准备、 认真、 随便

100．请结合这张图片写一篇80字左右的短文。

Note

新HSK 5급 백발백중 쓰기 트레이닝 해설집

문제

91. 关心　不　根本　他们　的　我　事儿

관심을 갖다 / ～아니다 / 아예 / 그들 / ～의 / 나 / 일

해설

1단계 ······ 먼저 함께 쓸 수 있는 단어들을 묶어 본다.
－ [根本 不], [我 关心], [他们 关心]

2단계 ······ 주어/술어/목적어로 쓸 수 있는 단어를 찾는다.

　　　　　　주어　　술어　목적어
－ 我/他们　关心　事儿

3단계 ······ 술어를 수식해주는 부사어와 목적어를 수식해 주는 관형어를 찾는다.

　　　　주어　　부사어　술어(동사)　관형어　　목적어
－ 我/他们　根本不　　关心　　他们/我的　事儿

Tip 我不关心他们的根本事儿。(×)

- -

모범답안 我根本不关心他们的事儿。
나는 그들의 일에 아예(전혀) 관심이 없다.

他们根本不关心我的事儿。
그들은 나의 일에 아예(전혀) 관심이 없다.

＋ 필수 암기 구절

- 根本不… : ～하지 않다. 根本은 흔히 부정사와 결합한다.

  예) 我根本不认识她。 나는 그녀를 아예 모른다.

  　　这话我根本没说过。 이 말은 내가 전혀 한 적이 없다.

- 关心(…的)事儿 : ～일에 신경을 쓰다.

문제

92. 上班 骑 几乎有 自行车 人 一半的

출근하다 / 타다 / 거의 있다 / 자전거 / 사람 / 절반의

해설

 **1단계** ······ 함께 쓸 수 있는 단어들을 묶어 본다.

- [骑 自行车]

  술어로 쓰인 동사는 목적어(대개 명사)를 가질 수 있다.

  예) 吃 饭 밥을 먹다 / 爱 子女 자녀를 사랑하다

- [一半的 人], [几乎有 一半的 人]

  부사어는 일반적으로 술어(동사/형용사) 앞에 오고, 관형어는 주어/목적어 앞에 온다.

  명사는 '~的'구조의 수식을 받을 수 있다.

  예) 经常 看 中国电影 (중국영화를 자주 본다) + 我 朋友 (나의 친구)

  = 我朋友经常看中国电影。 내 친구는 중국영화를 자주 본다.

 **2단계** ······ 주어/술어/목적어로 쓸 수 있는 단어를 찾는다.

- [人 骑 自行车], [人 上班]

  人 骑 自行车(사람이 자전거를 타다), 人 上班(사람이 출근 하다) 주어(人)의 두 개 동작을 한 문장으로 만들어 보자 → 人骑自行车/上班。 사람이 자전거로 출근한다.

  주어 연동(연속동작)

Tip 한 문장 안에서 두 개의 동작이 함께 일어나는 것을 연동문이라 부른다. 연동문에서는 앞 동작이 뒤 동작의 수단(방법)이 되는 경우가 많다.

탑승의미의 동사 + 탈것 + 이동의미 동사 : ~을 타고(이용하여) 이동하다.

  예) 坐公共汽车去。 버스를 타고 간다.

  打的来。 택시를 타고 온다.

모범답안 几乎有一半的人骑自行车上班。

거의 절반의 사람이 자전거로 출근한다.

＋ 필수 암기 구절

- 几乎有一半的人 거의 절반의 사람

- 骑自行车上班。 자전거로 출근한다.

93. 一份　收到　特别的　他　礼物　了

한 개 / 받다 / 특별한 / 그 / 선물 / 동태조사

해설

1단계 …… 주어/술어/목적어로 쓸 수 있는 단어를 찾는다.

　　주어　술어　목적어
－ 他　收到　礼物

2단계 …… 명사는 **구조조사 的**와 함께 쓰여 '**수사 + 양사**'의 **수식**을 받을 수 있다.
－ [特别的 礼物], [一份 礼物]
－ 관형어의 순서 [수사 + 양사 + 형용사 + 的] : 一 份 特别 的

Tip　特别的一份礼物 (×)

3단계 …… 了의 위치 : 목적어 앞에 수식어가 있으면 **동사 뒤**에 동태조사 **了**를 쓴다.
예) 我读了三本中文书。 나는 중국어 책을 세 권 읽었다.
　　　他知道了那个消息。 그는 그 소식을 알았다.

- -

모범답안　他收到了一份特别的礼物。
그는 특별한 선물을 하나 받았다.

필수 암기 구절

■一份特别的礼物 : 특별한 선물 한 개
　관형어의 순서는 '수사 + 양사 + 형용사 + 的 + 명사'이다.
　예) 一幅美丽的画 아름다운 그림 한 폭
　　　两位年迈的老人 연세 지긋하신 노인 두 분
■收到礼物 : 선물을 받다.

94. 书　正在　他　认真　读　一本　地

책 / 마침(~하고 있다) / 그 / 진지하게 / 읽다 / 한 권 / (부사어를 표시하는 구조조사)

해설

1단계 …… 먼저 주어/술어/목적어로 쓸 수 있는 단어를 찾는다.

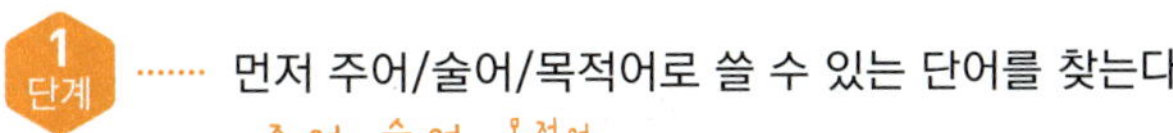

　　주어　술어　목적어
－ 他　　读　　书

2단계 …… 부사어가 될 수 있는 단어 뒤에 地를 붙여 술어동사를 수식한다.

－ 认真地 读

地 는 부사어 뒤, 동사 앞에 온다.

3단계 …… 正在(진행 표시)는 주어 뒤 다른 부사어 앞에 둔다.

　　주어　　부사어　　술어　목적어
－ 他　　正在认真地　　读　一本书

Tip｜他正在读地认真一本书。(×)

- -

 他正在认真地读一本书。

그는 마침 열심히 책을 읽고 있는 중이다.

필수 암기 구절

■认真地读 : 열심히 읽다

'부사어 + 地 + 술어' ~하게 (술어)한다.

예) 天渐渐地冷了。 날씨는 점점 추워졌다.

慢慢地吃，好好地玩。 천천히 먹고 즐겁게 놀아라.

95. 里 到处 是 院子 垃圾 都

안 / 곳곳(도처) / 이다 / 정원 / 쓰레기 / 모두

해설

1단계 ······ 함께 쓸 수 있는 단어들을 묶는다.

- [院子 里 是]

방위사 '里'는 장소 명사 '院子' 뒤에 둔다. 방위사가 붙은 장소 명사는 술어 앞에 올 수 있다.

예) 宿舍里有两张床。기숙사에는 침대가 두 개 있다.

窗外是一个足球场。창 밖은 축구장입니다.

'장소(혹은 시간) + 동사 + 명사(불특정한 사람이나 사물)' 형태의 문장을 존현문이라고 하고, 사람(혹은 사물)의 존재나 출현 혹은 소실을 표시한다.

2단계 ······ 부사 '都'는 복수를 나타내는 단어 뒤, 동사 是 앞에 둔다.

- 到处 都 是

3단계 ······ 'A 是 B(A는 B이다)' 문형을 생각하고, 'A'와 'B'에 들어갈 수 있는 것을 고른다.

- 院子里 是 垃圾

到处都는 부사어이므로 是 앞에 온다. → 院子里 + 到处 + 都 + 是 ～。

- -

모범답안 院子里到处都是垃圾。

정원 안은 곳곳이 다 쓰레기이다.

필수 암기 구절

■ 到处都是… : 곳곳이 다 ～이다

예) 街上到处都是人。거리 곳곳이 다 사람들이다.

96. 网吧　几乎　他　都　每天　去

PC방 / 거의 / 그 / 모두 / 매일 / 가다

 **1단계** …… 주어/술어/목적어 구조를 만든다.

주어　술어　목적어
- 他　　去　　网吧

 **2단계** …… 함께 쓸 수 있는 단어들을 묶어 본다.

- [每天　都]

都는 전체를 의미하는 총괄부사로 앞에 복수의 의미를 갖는 말이 앞에 와야 한다.

- -

 **모범답안** 他几乎每天都去网吧。

그는 거의 매일 PC방에 간다.

＋ 필수 암기 구절

■每天都… : 매일

예) 我儿子为了健康每天都喝牛奶。 내 아들은 건강을 위해 매일 우유를 마신다.

我为了保持美丽每天都去美容院做保养。
나는 미모를 유지하기 위해 매일 뷰티샵에 가서 관리를 한다.

为了保持身材，他几乎每天都去健身房做运动。
몸매를 유지하기 위해 그는 거의 매일 헬스장에 가서 운동한다.

97. 汉语　比　学习　英语　多了　学习　有意思

중국어 / ～보다 / 공부하다 / 영어 / 훨씬 / 공부하다 / 재미있다

해설

1 단계

'比'를 보면 즉각적으로 비교문 형식을 떠올려야 한다.

– 'A + 比 + B + 형용사 + 多了 : A는 B보다 훨씬 ～하다'

　　예) 这座山 比 那座山 高 多了。　이 산은 저 산보다 훨씬 높다.

Tip　学习汉语比学习英语**多了**有意思。(×)

모범답안　学习汉语比学习英语有意思多了。
중국어를 배우는 것은 영어를 배우는 것보다 훨씬 재미있다.

学习英语比学习汉语有意思多了。
영어를 배우는 것은 중국어를 배우는 것보다 훨씬 재미있다.

필수 암기 구절

■ A 比 B 有意思多了 : A가 B보다 훨씬 재미있다

　　예) 玩游戏比学习有意思多了。오락하는 것은 공부하는 것보다 훨씬 재미있다.

■ 비교문의 형식

　　A + 比 + B + 술어 + 보어

　　예) 他比我高一些。그는 나보다 (키가) 약간 더 크다.

　　　　你比他唱得好一点儿。네가 그보다 (노래를) 조금 더 잘 부른다.

Tip　비교문의 술어 앞에는 '**很, 非常**' 같은 정도부사를 **쓸 수 없다**.

예) 学习汉语比学习英语**很**有意思。(X)

　　学习汉语比学习英语**非常**有意思。(X)

98. 时候　也　交通　的　搬家　问题　考虑　要

~때 / ~도(역시)/ 교통 / ~의 / 이사하다 / 문제 / 고려하다 / ~ 해야 한다

해설

함께 쓸 수 있는 단어들을 묶는다.
– [考虑 问题], [交通 问题], [考虑 交通问题], [搬家 的 时候]

부사 + 조동사 + 술어동사
– 也 要 考虑

시간사는 문장 맨 앞에 올 수 있다.
– 搬家 的 时候 也 要 考虑
예) 上大学的时候一定要努力学习。대학 다닐 때 반드시 열심히 공부해야 한다.

모범답안
搬家的时候也要考虑交通问题。
이사할 때 교통문제도 고려해야 한다.

필수 암기 구절
■ 考虑…问题… : ~문제를 고려하다
예) 优先考虑这个问题。이 문제를 우위에 두고 고려하자.
结婚的时候一定要考虑两个人的性格问题。결혼할 때 반드시 두 사람의 성격문제를 고려해야 한다.

99 睡着　集中　实话　打电话　游戏

잠들다 / 집중하다 / 실화(진실한 말) / 전화하다 / 오락(게임)하다

문장연습 단어를 이용해 문장을 만들어 보세요.

1. 都十二点了，妹妹睡着了，可我怎么也睡不着。
   12시가 다 되었다. 여동생은 잠이 들었는데 나는 도무지 잠을 이룰수가 없다.

2. 妈妈打电话问我的时候，我正在回家的路上。
   엄마가 내게 전화하셔서 물으셨을 때, 나는 마침 집에 가던 중이었다.

3. 我一心一意对他，可他从来都不跟我说实话。
   나는 전심으로 그를 대하지만, 그는 줄곧 내게 사실을 말하지 않는다.

4. 明天就要期末考试了，可我总是不能集中学习，看一会儿书就不知不觉睡着了。
   내일이면 바로 기말고사이다. 그런데 나는 줄곧 공부에 집중할 수 없다. 잠시 책을 보고서 나도
   모르게 잠이 들었다.

5. 妈妈给我打电话，让我专心学习，不让我玩游戏，可说实话，我已经玩了一阵子了。
   엄마는 내게 전화를 하셔서 공부에 전념하고 오락은 하지 말라고 하셨다. 그러나 사실대로 말하면 나는
   이미 한바탕 놀았다.

개요짜기 주어진 단어를 이용해 개요를 만들어 보세요.

서론 수업시간에 잠이 든 상황 → 睡着，集中
본론 선생님께 꾸중을 듣고도 사실을 말하지 못함 → 实话
결론 선생님께 사실을 말하지 못한 이유 → 打电话，游戏

今天我上英语课的时候又趴在书桌上睡着了，下课后老师问我为什么上课总是不集中，我不敢说实话，因为如果我说实话的话，老师会给妈妈打电话，要是妈妈知道了，那我就完蛋了，因为妈妈常嘱咐我，晚上千万不能玩儿游戏。

단어

英语课 Yīngyǔkè 圐 영어 수업 ｜ 趴在…上 pāzài…shàng ～에 엎드리다, (예：趴在书桌上 책상에 엎드리다) ｜ 睡着 shuìzháo 圐 잠이 들다 ｜ 总是 zǒngshì 圐 늘, 줄곧, 언제나 ｜ 不敢… bùgǎn… 圐 감히 ～하지 못한다 ｜ 不集中 bù jízhōng 집중하지 못하다 ｜ 如果…的话 rúguǒ…dehuà 만약 ～라면 ｜ 说实话 shuō shíhuà 圐 진실을 말하다, 솔직히 말하다 ｜ 给…打电话 gěi…dǎ diànhuà ～에게 전화하다 ｜ 要是…, 就… yàoshì~, jiù~ 만약 ～하면, 바로 ～하다 ｜ 玩(儿)游戏 wán(r) yóuxì 圐 게임(오락)을 하다 ｜ 完蛋 wándàn 回阍 끝장나다 ｜ 嘱咐 zhǔfù 圐 당부하다 ｜ 千万不能… qiānwàn bùnéng… 절대 ～해서는 안 된다

해석

오늘 영어수업시간에 나는 또 책상에 엎드려 잠이 들었다. 수업을 마친 후 선생님께서 너는 왜 수업시간에 항상 집중하지 않느냐고 물으셨다. 나는 감히 솔직히 말씀드릴 수 없었다. 내가 만약 솔직히 말하면 선생님께서 엄마에게 전화를 하실 것이기 때문이다. 만약 엄마가 아시면 나는 완전히 끝장이다. 왜냐하면 엄마는 항상 저녁에 절대 게임하지 말라고 내게 당부하셨기 때문이다.

100.

해설

문장연습 （양식을 먹는 모습）

1. 吃饭前一定要洗手，防止病从口入。
   식사 전에는 반드시 손을 씻어 병균이 입으로 들어가는 것을 막아야 한다.

2. 我早上很少吃早饭，不是不想吃，而是根本没时间吃，因为我每天都不能按时起床。
   나는 아침에 아침식사를 거의 하지 않는다. 먹고 싶지 않은 것이 아니고 먹을 시간이 전혀 없다. 왜냐면 매일 시간 맞춰 일어날 수 없기 때문이다.

3. 我吃饭的时候从来不挑食，蔬菜、鸡鸭鱼肉样样都吃，所以我很健康，很少生病。
   나는 식사할 때 여태껏 편식을 하지 않고 야채, 닭고기, 오리고기, 생선, 육류 어느 것이나 모두 먹는다. 그래서 나는 건강하고 거의 병이 나지 않는다.

개요짜기 사진 속 상황을 보고 개요를 만들어 보세요.

서론 나는 양식을 좋아하지만 엄마, 아빠는 안 좋아하신다.

본론 친구들과 밥을 먹을 때에도 양식은 비싸서 다들 돈쓰기 아까워한다.

결론 스스로 돈을 벌게 되면 양식을 마음껏 먹을 수 있을 것 같다.

我很喜欢吃西餐，可妈妈爸爸不喜欢吃，所以无论在家吃饭还是全家人出去吃饭，我们一般都是吃韩国菜或中国菜。跟朋友们一起吃饭时，因为西餐很贵，都舍不得花那个钱。看来，我就得等自己赚了钱，去吃个够了。

단어 无论… wúlùn 웹 ~에도 불구하고, ~에 관계없이 | …还是… háishì 웹 ~든지 아니면 ~든지 | 西餐 xīcān 圆 양식, 서양요리 | 舍不得 shěbude ~을 아까워하다, ~하기가 아깝다 | 花钱 huāqián 圆 돈을 쓰다 | 看来… kànlái 圆 보아하니 | 赚钱 zhuànqián 圆 돈을 벌다 | 吃个够 chī ge gòu 맘껏 먹다

해석 나는 양식을 좋아하지만 엄마 아빠는 좋아하지 않으신다. 그래서 집에서 먹든지 외식을 하든지 우리는 보통 한식이나 중식을 먹는다. 친구들과 밥을 먹을 때도 양식은 좀 비싸기 때문에 모두 돈쓰기를 아까워한다. 보아하니 내가 스스로 돈을 벌게 되면 그때서야 맘껏 먹을 수 있을 것 같다.

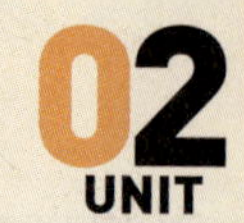

문제

91. 睡　他　已经　午觉　了　习惯

자다 / 그 / 이미 / 낮잠 / 동태조사 / ～이 습관(버릇)이 되다

해설

1단계 ······ 함께 쓸 수 있는 단어들을 묶는다.
- [睡 午觉], [习惯 睡午觉], [已经 …了], [已经 习惯 了]

  已经 …了는 '이미(벌써) ～되다(하다)'라는 의미로 쓰이는 구조인데, 已经은 부사이므로 동사 앞에, 조사 了는 문미에 온다.
- 已经 习惯 了

  예) 他已经回去了。그는 벌써 돌아갔다.

2단계 ······ 주어/술어/목적어를 찾는다.

　　주어　　술어　　목적어
- 他　　习惯　　睡午觉

모범답안 他已经习惯睡午觉了。
그는 이미 낮잠 자는 것이 습관이 되었다.

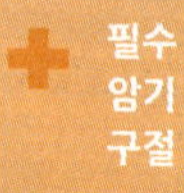
필수 암기 구절

- 已经 …了 : 이미 ～되다

  예) 天已经黑了。날이 이미 저물었다. → (부정형태)天还没黑。날이 아직 저물지 않았다.

문제

92. 上　放着　桌子　糖　大盒　两

위 / 놓여있다 / 탁자 / 사탕 / 큰 상자 / 둘

해설

1단계 ······ 함께 쓸 수 있는 단어들을 묶는다.

- [两 大盒 糖], [桌子 上 放着]
- 관형어의 순서 [수사 + 양사 + 명사] : 两 个 人 / 三 位 专家

  양사 뒤의 명사가 분리가 가능한 사물일 때 (예 : 面包, 肉, 饼干 등)일 때, 형용사(예: 大, 小)

  가 양사 앞에 올 수 있다.

  예) 两大盒糖 사탕 큰 상자 두 개

  　　两小盒饼干 과자 작은 상자 두 개

  　　三大块面包 빵 큰 덩어리 세 개
- 일반 명사에 방위사를 붙이면 장소의 의미를 나타내게 되는데, 존현문에서 술어 앞에 온다.

  → 桌子上放着

2단계 ······ 주어/술어/목적어를 찾는다.

　　　　술어　　목적어
- 放着　两大盒糖

  술어 '放'에 '着'가 붙어서 상태의 지속을 표시하고 '～에 ～이 놓여 있다'라는 의미를 나타낸다.

  '放着' 앞에는 반드시 장소를 나타내는 말이, '放着' 뒤에는 사물을 의미하는 명사가 와야 한다.

[Tip]　两大盒糖放着桌子上。(×)

모범답안　桌子上放着两大盒糖。

탁자위에 큰 사탕상자 두 개가 놓여 있다.

필수 암기 구절

- 장소사 + 동사 + 着 + 명사

  예) 门口站着几个人。입구에 몇 사람이 서 있다.

  　　那儿挂着两件上衣。거기에 상의 두 벌이 걸려 있다.

93. 个子　他的　高　多了　比　我

키 / 그의 / (키가)크다 / 훨씬 / ~보다 / 나

1단계 ······ 함께 쓸 수 있는 단어들을 묶는다.
　－ [他的　个子], [个子　高], [他的个子　高]

2단계 ······ 비교문의 형식 'A + 比 + B + 술어 + 보어'에 적용한다.
　－ 他的个子　比　我　高　多了。
　　비교하는 구체적 내용은 앞에 쓴다.

　Tip　我比他的个子高多了。(×)

모범답안　他的个子比我高多了。
그의 키는 나보다 훨씬 크다.

필수 암기 구절

■ A 比 B 更~ : A가 B보다 훨씬 ~하다

　예) 哥哥比弟弟更高。 형은 동생보다 키가 훨씬 크다.

　　她比我更漂亮。 그녀가 나보다 훨씬 예쁘다.

　　上海的物价比北京的更高。 상하이의 물가가 베이징보다 훨씬 높다.

■ A 比 B ~ 多了 : A가 B보다 많이 ~하다

　예) 哥哥比弟弟高多了。 형은 동생보다 키가 많이 크다.

　　她比我漂亮多了。 그녀가 나보다 많이 예쁘다.

　　上海的物价比北京的高多了。 상하이의 물가가 베이징보다 많이 높다.

94. 给　一个　爸爸　名字　起了　狗　非常好听的

~에게 / 하나 / 아빠 / 이름 / 짓다 / 개 / 대단히 듣기 좋은

 **1단계** ······ 주어/술어/목적어를 찾는다.

　　　　주어　　술어　목적어
－ 爸爸　　起了　名字

 **2단계** ······ 함께 쓸 수 있는 단어들을 묶는다.

－ [给…起了名字], [爸爸 给 狗 起了名字]

관형어의 어순 [수사 + 양사 + 부사 + 형용사 + 的 + 명사] : 一 个 非常 好听 的 名字

모범답안　爸爸给狗起了一个非常好听的名字。

아버지는 개에게 대단히 좋은 이름을 지어주셨다.

필수 암기 구절

■ 给 A 起 名字 : A에게 이름을 지어주다

예) 爷爷给孙子起了个非常有意义的名字。
할아버지는 손자에게 아주 의미 있는 이름을 지어주셨다.

同学们给我起了一个非常有意思的外号。
친구들이 내게 매우 재미있는 별명을 지어주었다.

董事长给公司起了个特别气派的名字。
이사장님이 회사에 무척 기품 있는 이름을 지어주셨다.

95. 听　一边　他　看书　音乐　喜欢　一边

듣다 / 한편으로 ～하면서 / 그 / 책을 보다 / 음악 / 좋아하다 / 한편으로 ～하면서

해설

1단계　…… 함께 쓸 수 있는 단어들을 묶는다.
　　－ [一边…一边], [听 音乐], [喜欢 看书], [喜欢 听音乐]

2단계　…… 一边 + 동사1(구) + 一边 + 동사2(구) 문형에 적용한다.
　　－ 一边 听音乐 一边 看书

3단계　…… 주어/술어/목적어 어순에 맞춰 문장을 완성한다.
　　　　주어　술어　　　　목적어
　　－ 他　喜欢　一边听音乐一边看书
　　喜欢 뒤에는 명사나 동사(구) 문장이 목적어로 올 수 있다.

모범답안　他喜欢一边听音乐一边看书。
그는 음악을 들으면서 책을 보는 것을 좋아한다.

他喜欢一边看书一边听音乐。
그는 책을 보면서 음악을 듣는 것을 좋아한다.

필수 암기 구절

- 一边 + 동사1 + 一边 + 동사2 : 동사1하면서 동사2하다

　예) 一边唱歌一边走路。 노래하면서 걷다.
　　他喜欢一边弹钢琴一边唱歌。 그는 피아노 치면서 노래하는 것을 좋아한다.
　　他经常一边写作业一边看电视。 그는 종종 숙제하면서 TV를 본다.

96. 儿子　爸爸回来　等　非要　睡觉　再

아들 / 아빠가 돌아오시다 / 기다리다 / 꼭 ~하려하다 / 잠을 자다 / ~한 뒤에

해설

 ······ 주어/술어/목적어를 찾아 완성한다.

　　　　주 어　술 어　　목 적 어
– 儿子　等　爸爸回来

 ······ 非要(等) + 동사1 + 再 + 동사2 반드시 동사1 하고 나서 (다시) 동사2 하려고 하다.

– 儿子 非要 等 再 睡觉

非要와 再 모두 부사어이므로 동사 앞에 온다.

 儿子非要等爸爸回来再睡觉。

아들은 꼭 아버지가 돌아오신 후에야 자려고 한다.

필수 암기 구절

■ 非要(等) + 동사1 + 再 + 동사2… : 반드시 동사1 하고 나서 (다시) 동사2 하려고 하다

예) 他非要打完电话再走。 그는 반드시 전화를 다 하고 나서 가려 한다.

他非要等见面再说。 그는 반드시 만나서 얘기하려고 한다.

老板非要让我们把工作做完再下班。

사장님은 반드시 우리가 업무를 다 끝낸 후에 퇴근하게 한다.

97. 影响 怕 这样 他们俩的 他 关系 做

~에게 영향을 주다 / ~할까 염려하다 / 이렇게 / 그들 두 사람의 / 그 / 관계 / 하다

해설

 **1단계** ······ 함께 쓸 수 있는 단어들을 묶는다.

- [影响 关系], [他们俩的 关系], [影响 他们俩的 关系]

 **2단계** ······ 주어/술어/목적어를 찾는다.

- 他 怕
- 술어 怕는 뒤에 구(절) 목적어가 올 수 있다.

  예) 我怕你睡过头了，才打电话来叫醒你。

  　　나는 네가 늦잠 잘까 봐, 전화를 걸어 널 깨운 거야.

3단계 ······ 这样 의 위치를 결정한다.

- 这样做 : 이렇게 하다(방식)

  做成这样 : 이렇게 했다(결과)

- 怕는 미 실현된 사건이나 상태에 대한 걱정을 나타내기 때문에 '这样做'로 표현하는 것이 옳다.

[Tip] 他怕做这样影响他们俩的关系。(×)

- -

 **他怕这样做影响他们俩的关系。**

그는 이렇게 하는 것이 그들의 관계에 영향을 미칠까봐 걱정한다.

 **필수 암기 구절**

■ **影响关系** : 관계에 영향을 주다

　　예) 北韩问题影响韩中两国的关系。 북한 문제가 한·중 양국의 관계에 영향을 준다.

98. 上海　曾经　两次　我　过　去

상하이 / 일찍이 / 두 번(동량사) / 나 / ~적 있다(경험) / 가다

해설

함께 쓸 수 있는 단어들을 묶는다.
- [去 过], [去 过 上海]

주어/술어/목적어를 찾는다.

　주어　술어　목적어
- 我　去过　上海。
- 동량사는 동사 뒤, 장소 목적어의 앞이나 뒤에 다 올 수 있다.
  예) 去过上海两次 (○)
　　去过两次上海 (○)

Tip　我曾经两次去过上海。(×)

　我曾经去过两次上海。　/　我曾经去过上海两次。
나는 일찍이 상하이에 두 번 가본 적이 있다.

필수 암기 구절

■ 曾经 + 동사 + 过 : 일찍이 ~해본 적이 있다
　예) 他曾经吃过泰国菜。그는 일찍이 태국요리를 먹어본 적이 있다.

99 习惯　喝水　忘了　牛奶　拉肚子

습관(이 되다) / 물을 마시다 / 잊다 / 우유 / 설사하다

해설

문장연습 단어를 이용해 문장을 만들어 보세요.

1. 我刚到中国的时候不习惯那儿的生活，后来就好多了。
   내가 막 중국에 갔을 때는 그곳의 생활에 적응하지 못했지만, 나중에는 많이 좋아졌다.

2. 我家订的牛奶每天早上6点有人会送到家里。
   우리 집에서 주문한 우유는 매일 아침 6시면 집으로 배달해 준다.

3. 他的胃肠不太好，所以动不动就拉肚子。
   그는 위가 별로 좋지 않아서, 툭하면 설사를 한다.

4. 我很喜欢喝水，特别是习惯晚上喝水，所以我睡觉的时候经常起来，有时弄得家里人都睡不好，妈妈说我应该改掉这个习惯。
   나는 물 마시는 것을 좋아한다. 특히 밤에 물 마시는 습관이 있어서 잠잘 때도 자주 일어난다. 간혹 식구들의 잠을 방해하기도 해서, 어머니께서는 내게 이 습관을 고쳐야 한다고 말씀하셨다.

5. 昨天我忘了把牛奶放进冰箱里了，这盒牛奶是三天前买的，所以有点儿变味了，喝了肯定会拉肚子的。
   어제 나는 우유를 냉장고에 넣는 것을 깜박 잊었다. 이 우유는 3일전에 산 것이어서 맛이 약간 변했다. 마시면 분명히 설사할 것이다.

개요짜기 주어진 단어를 이용해 개요를 만들어 보세요.

서론 나는 매일 물을 마시는 습관이 있다 → 习惯, 喝水
본론 엄마가 물 끓이는 것을 잊으셨다 → 忘了
결론 물 대신 상한 우유를 마시고 설사하다 → 牛奶, 拉肚子

我每天早上起床以后都习惯喝一杯水，一般是妈妈前一天晚上把水烧好，可是昨天晚上妈妈可能是忘了烧水，所以早上起来没有水喝，我随手从冰箱里拿了一盒牛奶，一口气喝了下去，没想到喝坏了肚子，拉肚子拉了一天。

단어

起床 qǐchuáng [이합] (잠자리에서) 일어나다 | 以后 yǐhòu [명] 이후 | 一般 yìbān [형] 보통이다, 일반적이다 | 前一天 qián yìtiān [명] 전날 | 烧 shāo [동] 끓이다 | 随手 suíshǒu [부] 손이 가는 대로, 즉시 | 从…里 cóng…li ~에서 | 盒 hé [명] 합, 박스, 케이스 | 一口气 yìkǒuqì [부] 단숨에 | 没想到 méi xiǎngdào 생각하지 못하다 | 拉肚子 lā dùzi 설사하다

해석

나는 매일 아침 일어나서 물을 한잔 마시는 것이 습관이 되었다. 대개 엄마가 전날 저녁에 물을 끓여 놓으시는데, 어제 저녁에는 엄마가 물 끓이시는 것을 잊어버리셔서 아침에 일어나보니 마실 물이 없었다. 나는 손이 가는대로 냉장고에서 우유 한 팩을 꺼내 단숨에 마셔버렸다. 뜻밖에도 마시고나서 배가 아파 하루 종일 설사를 했다.

100.

문장연습 (도서관에서 두 사람이 함께 책을 보고 있는 상황)

1. 最近我整天泡在图书馆里，图书馆成了我的第二个家。
   최근에 나는 하루 종일 도서관에서 시간을 보낸다. 도서관은 내 제2의 집이 되었다.

2. 我有一个最要好的朋友，我们经常一起吃饭、喝茶，一起学习，我们最常去的地方是图书馆，在图书馆一呆就是一整天。
   내게는 아주 절친한 친구가 하나 있다. 우리는 자주 함께 밥을 먹고, 차를 마시고, 함께 공부한다. 우리가 가장 자주 가는 곳은 도서관인데, 도서관에 가기만 하면 하루 종일 머물곤 한다.

3. 期末考试就要到了，我这几天从早到晚一直呆在图书馆里，很晚才回家，爸爸很担心我，所以他每天都到图书馆来接我，我觉得我有点儿太难为爸爸了。
   기말고사가 곧 다가온다. 나는 요 며칠 아침부터 저녁까지 계속 도서관에 있다가 늦게 서야 귀가한다. 아버지는 내가 걱정되셔서 매일 도서관에 나를 데리러 오신다. 나는 아버지께 너무 죄송하다는 생각이 든다.

개요짜기 사진 속 상황을 보고 개요를 만들어 보세요.

서론 나는 어릴 때부터 함께 지낸 친한 친구가 있다

본론 우리는 자주 도서관에 가서 공부한다

결론 그녀와 공부하는 것은 즐겁다

我有一个好朋友，我们从小在一起长大，小学，中学，大学一直都在同一个学校上学，我们经常一起去图书馆学习，星期六常常是一整天呆在图书馆里，本来学习是非常无聊的事儿，可是跟她在一起学习，我觉得很开心。

단어 长大 zhǎngdà 阁 자라다, 성장하다 | 一直 yìzhí 閉 줄곧, 내내 | 同一个 tóng yíge 같은 | 上学 shàngxué 阁 등교하다 | 图书馆 túshūguǎn 閉 도서관 | 整天 zhěngtiān 閉 하루 종일 | 本来 běnlái 閉 본래의, 본디의 | 无聊 wúliáo 阁 무료하다, 지루하다 | 开心 kāixīn 閉 (기분이) 즐겁다, 유쾌하다

해석 나는 절친한 친구가 한 명 있는데, 우리는 어려서부터 같이 자랐고 초등학교, 중고등학교, 대학교를 쭉 같이 다녔다. 우리는 자주 함께 도서관에 가서 공부를 했다. 토요일에는 자주 하루 종일 도서관에서 지내기도 했다. 본래 공부는 무척 재미없는 일이지만, 그녀와 함께 공부해서 나는 매우 즐겁다고 느꼈다.

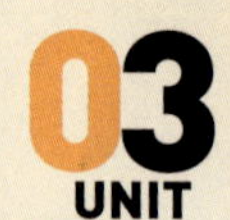

新HSK 백발백중 5급 쓰기 트레이닝

 **문제**

91. 多 这个 病人 医院 越来越 的

많다 / 이 / 환자 / 병원 / 갈수록 / ~의

 **해설**

1단계 ······ 함께 쓸 수 있는 단어들을 묶는다.

[病人 多], [这个 医院的], [这个 医院的 病人 多]

2단계 ······ '越来越 + 술어' 문형에 적용시킨다.

越来越 多

모범답안 这个医院的病人越来越多。

이 병원의 환자들은 갈수록 많아진다.

 **필수 암기 구절**

- 越来越 + 술어 : 갈수록 ~하다 (정도의 증가를 나타냄)

예) 越来越骄傲 갈수록 교만하다

设施越来越完善 시설이 갈수록 좋아진다

她越来越漂亮 그녀는 갈수록 예뻐진다

문제

92. 担心　总是　哥哥的　妈妈　身体

걱정하다 / 늘 / 형의 / 엄마 / 몸(건강)

해설

 **1단계** …… 함께 쓸 수 있는 단어들을 묶는다.
- [哥哥的 身体], [担心 身体], [担心 哥哥的 身体]

 **2단계** …… 주어/술어/목적어 구조를 만든다.

　　　주어　　술어　　　목적어
- 妈妈　担心　哥哥的身体
- 总是는 부사이므로 동사 앞에 온다. → 总是 担心

 **모범답안** 妈妈总是担心哥哥的身体。
엄마는 늘 형의 건강을 걱정한다.

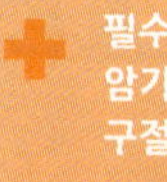 **필수 암기 구절**

■ 总是 + [동사] : 언제나 ~하다

　예) 他总是那样谦虚。 그는 언제나 그렇게 겸허하다.

　　　她总是不爱说话。 그녀는 언제나 말하는 것을 좋아하지 않는다.

　　　老师总是担心学生们的成绩。 선생님은 언제나 학생들의 성적을 걱정한다.

■ 担心 ↔ 放心

　예) 别担心了，你放心吧！ 걱정하지마세요. 안심하세요!

93. 亲戚　听说　是　王经理的　他

친척 / 듣자니 / ~이다 / 왕 지배인의 / 그

단계 ······ 함께 쓸 수 있는 단어들을 묶는다.
- [王经理的 亲戚]

단계 ······ 주어/술어/목적어 구조를 만든다.

　　주어　술어　　목적어
- 他　是　王经理的亲戚
- 听说는 문장 맨 앞에 온다.

모범답안　听说他是王经理的亲戚。
듣자니 그는 왕 매니저의 친척이라고 한다.

필수 암기 구절

- 听说… : 듣자니

　예) 听说他昨天出差去了。 듣자니 그는 어제 출장 갔다고 한다.
　　　听说他是妹妹的同学。 듣자니 그는 여동생의 친구라고 한다.
　　　听说他的中文水平很高。 듣자니 그의 중국어 실력이 좋다고 한다.

94. 新鲜　又　这里　苹果　的　又　大

신선하다 / 또 / 여기 / 사과 / ~의 / 또 / 크다

1단계 ······ '又 + 술어1 + 又 + 술어2' (술어1 이기도 하고 술어2 이기도 하다) 문형에 적용시킨다.

－ 又 大 又 新鲜

－ 단음절 형용사를 앞에 이음절 형용사를 뒤에 쓰는 형태가 안정감을 주어 습관적으로 많이 쓰인다.

2단계 ······ 함께 쓸 수 있는 단어들을 묶는다.

－ [这里 的 苹果]

모범답안

这里的苹果又大又新鲜。
여기의 사과는 크고 신선하다.

这里的苹果又新鲜又大。(윗 답안에 비해 습관적으로 적게 쓰임)
여기의 사과는 신선하고 크다.

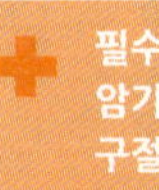

필수 암기 구절

▪ 又 + 술어1 + 又 + 술어2 : 술어1 이기도 하고 술어2 이기도 하다

예) 又多又快又好。많고 빠르고 좋다.

这家餐厅的菜又便宜又好吃。저 가게의 음식은 싸면서 맛있다.

这家商店的商品种类又多价格又低廉。저 상점의 물건은 종류가 많으면서도 가격이 싸다.

95. 麻烦　粗心　给　确实　不少　带来　他

귀찮다 / 세심하지 못하다 / ~에게 / 확실히 / 적지 않다 / 가져오다 / 그

해설

 **1단계** ······ 给 + 사람 + 带来 + 麻烦 (~를 성가시게 하다) 문형에 적용시킨다.
- 给 他 带来 麻烦

 **2단계** ······ 함께 쓸 수 있는 단어들을 묶는다.
- [不少 麻烦], [带来 不少麻烦]
- 부사 确实는 [给 + 대상]으로 이루어진 전치사구 앞에 온다. → 确实 给他

 Tip　粗心给他确实带来不少麻烦。(×)

모범답안　**粗心确实给他带来不少麻烦。**
세심하지 못함이 확실히 그를 적잖이 성가시게 했다.(그에게 적잖은 불편함을 초래했다.)

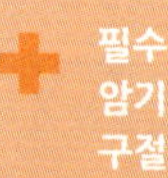 필수 암기 구절

- **A 给 B 带来 麻烦** : A가 B를 성가시게 하다

　예) 邻居给我带来很多麻烦。이웃이 나를 매우 성가시게 한다.
　　　坏朋友给我带来很多麻烦。나쁜 친구가 나를 매우 성가시게 한다.
　　　孩子太调皮给妈妈带来不少麻烦。아이가 너무 개구쟁이여서 엄마를 적잖이 성가시게 한다.

96. 来一趟　明天　学校通知　务必　到　他　学校

한 번 오다 / 내일 / 학교가 통지하다 / 반드시 / ~에 / 그 / 학교

 **1 단계** ┈┈┈ 到 + 장소 + 来 + (동량사) (~에 (몇 번) 오다) 문형에 적용시킨다.
－ 到 学校 来一趟

 **2 단계** ┈┈┈ 通知 + 사람 + 일/사건 문형에 적용시킨다.
－ 学校通知 他 到 学校 来一趟
－ 부사는 술어동사 앞에 온다. 务必 到
－ 시간 명사는 일반 부사 앞에 온다. 明天 务必

- -

 **모범답안** 学校通知他明天务必到学校来一趟。
학교는 그에게 내일 반드시 학교에 한 번 다녀가야 한다고 통지했다.

필수 암기 구절

■ 到 + 장소 + 来 + (동량사) : ~에 (몇 번) 오다(들르다)

예) 他到我家来过。 그는 우리 집에 왔었다.

医生通知病人家属明天务必到医院来一趟。
의사는 환자가족에게 내일 반드시 병원에 들르라고 알렸다.

老师通知他后天务必要到学校来参加考试。
선생님께서 그에게 모레에 반드시 학교에 시험보러 오라고 하셨다.

97. 让 我 告诉 不 把这件事 妈妈 别人

~하게 하다 / 나에게 / 알려주다 / 아니다 / 이 일을 / 엄마 / 다른 사람

 **1단계** ······ 让자문형에 적용시킨다. **주어 + 让 + 목적어 + 동사 + 기타성분**

- 妈妈 让 我 告诉 别人 这件事
- 告诉는 이중목적어 즉 간접목적어 + 직접목적어를 가질 수 있다. → 告诉 别人 这件事

 **2단계** ······ 把자문형에 적용시킨다. **주어 + 把 + 목적어 + 동사 + 기타성분**

- 我 把 这件事 告诉 别人
- 부정사 不는 전치사 앞에 와야 하며 문장 전체를 부정하므로 让 앞에 와야 한다. → 不 让

[Tip] 妈妈让我把这件事**不**告诉别人。(×)

- -

모범답안 **妈妈不让我把这件事告诉别人。**
어머니께서는 내게 이 일을 다른 사람에게 알려주지 말라고 하셨다.

 **필수 암기 구절**

■ A + 告诉 + B + 사건(혹은 소식) ： A가 B에게 사건(혹은 정보)을 알려주다

예) 你应该告诉我到底怎么回事。 도대체 어떻게 된 일인지 내게 알려줘야 한다.

他不让我把他的成绩告诉别人。 그는 내게 그의 성적을 다른 사람에게 알려주지 말라고 했다.

你不要轻易地告诉别人你的电话号码。
너는 함부로 다른 사람에게 너의 전화번호를 알려줘서는 안 된다.

98. 重要性　你　要　知道　一定　让他　学汉语的

중요성 / 너 / ~해야 한다 / 알다 / 반드시 / 그로 하여금 ~하게 하다 / 중국어를 배우는

해설

1단계 ······ 让자문형에 적용시킨다. 주어 + 让 + 목적어 + 동사 + 기타성분
　　　 – 你 让他 知道 重要性

2단계 ······ 함께 쓸 수 있는 단어들을 묶는다.
　　　 [一定要], [学汉语的 重要性]

　　　 – 부사는 일반적으로 조동사 앞에 온다.
　　　　 예) 他一定会考上的。 그는 반드시 합격할 것이다.
　　　　　　 电影马上就要开演了。 영화가 곧 시작되려 한다.

모범답안 **你一定要让他知道学汉语的重要性。**
당신은 반드시 그가 중국어 학습의 중요성을 알도록 해야 합니다.

필수 암기 구절

- **一定要** : 반드시 ~해야 한다
　　 예) 道歉的时候一定要态度诚恳。 사과할 때는 반드시 태도가 진실해야 한다.
　　　　 学习的时候一定要集中精神。 공부할 때는 반드시 정신을 집중해야 한다.
　　　　 考试前一定要好好准备。 시험 전에는 반드시 잘 준비해야 한다.

99 电视　吃饭　一起　和睦　心里

텔레비전 / 밥을 먹다 / 함께 / 화목하다 / 마음

해설

문장연습 단어를 이용해 문장을 만들어 보세요.

1. 我听了小王的话，心里觉得很不舒服。
   나는 小王의 말을 듣고 마음이 매우 불편했다.

2. 要想与周围人和睦相处，就要懂得为人处世的道理。
   주위사람과 화목하게 지내려면, 처세법을 알아야 한다.

3. 我们俩合不来，所以我不愿意跟他呆在一起。
   우리 둘은 서로 맞지 않아서 나는 그와 함께 지내고 싶지 않다.

4. 每天晚上吃饭后，我们全家人都会坐在电视机前一起看电视，我们一家四口都是
   电视迷，所以每天放学我都急着回家。
   매일 저녁 저녁밥을 다 먹고서 우리 온 가족은 모두 텔레비전 앞에 앉아 함께 텔레비전을 본다. 우리 네
   식구는 텔레비전 광이라서 매일 수업을 마치고나면 나는 급히 귀가한다.

5. 我们家是个和睦的家庭，我的父母就像我们的老朋友一样，我和弟弟如果有什么
   心事儿或不满从来都不藏在心里，随时跟爸爸妈妈讲。
   우리 집은 화목한 가정이다. 우리 부모님은 우리의 오랜 친구 같다. 나와 남동생은 만약 무슨 마음의 고
   민이나 불만이 있으면 모두 숨기지 않고 언제든지 아버지, 어머니에게 이야기 한다.

개요짜기 주어진 단어를 이용해 개요를 만들어 보세요.

서론 나는 밥 먹으며 TV 보는 것을 좋아한다 → 电视, 吃饭
본론 드라마에서 온가족이 함께 밥 먹는 모습이 화목해 보인다 → 一起, 和睦
결론 마음속으로 부모님과 함께 밥 먹는 생각 → 心里

		我	喜	欢	一	边	吃	饭	一	边	看	电	视	，		所
以	每	次	吃	饭	的	时	候	，		我	都	拿	着	饭	碗	坐
在	电	视	前	，	很	少	跟	爸	爸	妈	妈	坐	在	一	起	
吃	，	可	今	天	在	电	视	上	看	到	一	家	人	坐	在	
一	起	吃	饭	的	样	子	，		显	得	和	和	睦	睦	的	，
心	里	想	我	也	应	该	跟	爸	爸	妈	妈	坐	在	一	起	
吃	饭	。														

단어

一边 yìbiān ⸨부⸩ ~하면서 ~하다, 두 가지 동작이 동시에 진행됨을 나타난다 | 每次 měicì 매번 | 饭碗 fànwǎn ⸨명⸩ 밥그릇, 밥공기 | 坐在…前 zuòzài…qián ~앞에 앉다 | 很少… hěn shǎo 거의 ~(하지)않다 | 样子 yàngzi ⸨명⸩ 모양, 모습, 꼴, 형태 | 显得 xiǎnde ⸨동⸩ ~하게 보이다, ~인 것처럼 보이다 | 和睦 hémù ⸨형⸩ 화목하다, 사이가 좋다 | 心里 xīnlǐ ⸨명⸩ 마음(속), 머릿속

해석

나는 밥을 먹으면서 텔레비전 보는 것을 좋아해서 매번 식사할 때마다 밥그릇을 들고 텔레비전 앞에 앉아서 먹고, 거의 아빠 엄마와 함께 먹지 않는다. 그러나 오늘 텔레비전에서 온 가족이 함께 밥 먹는 모습을 봤는데 매우 화목해보였다. 마음속으로 나도 아빠 엄마와 함께 밥을 먹어야겠다고 생각했다.

100.

문장연습 (남녀 여럿이 해변에서 노는 모습)

1. 我昨天在百货商店买了一件粉红色的游泳衣，这个周末我要去海边玩儿。
   나는 어제 백화점에서 분홍색 수영복을 샀다. 이번 주말에 나는 해변으로 놀러가려 한다.

2. 我从上星期开始学游泳了，虽然学游泳不太容易，可我已经下决心，这一个月内一定要学会游泳。
   나는 지난주부터 수영을 배우기 시작했다. 비록 수영 배우기가 그리 쉽지는 않지만, 나는 이미 이번 달 안으로 반드시 수영을 배우겠다고 결심했다.

3. 离我家不远就有个海滨浴场，一到夏天那儿的人很多，而且大部分都是外地人。
   우리 집에서 멀지 않은 곳에 해수욕장이 있다. 여름이 되면 그곳에 사람이 매우 많은데 대부분은 외지인이다.

개요짜기 사진 속 상황을 보고 개요를 만들어 보세요.

서론 최근 수영을 배우기 시작

본론 친구와 해변에 갔었는데 수영을 못해 심심

결론 수영을 꼭 배우리라 결심

我最近开始学游泳了，我学游泳不是为了锻炼身体，而是为了能去海边玩儿在海里游泳。一到夏天，我和朋友们经常去海边，可我不会游泳，总是玩儿得没有别人开心，所以我下决心这次一定要把游泳学会了。

단어

不是为了…，而是为了… búshì wèile…, érshì wèile… ~를 위해서가 아니라 ~를 위해서 이다 | 锻炼身体 duànliàn shēntǐ 몸을 단련하다 | 总是 zǒngshì 혱 항상, 늘 | 决心 juéxīn 몡 결심, 결의 下决心 결심하다 | 一定要 + [술어] yídìng yào 반드시 [술어] 하다 | 学会 xuéhuì 툉 배워서 터득하다, 익혀서 얻다

해석

나는 최근에 수영을 배우기 시작했다. 수영을 배우는 것은 몸을 단련하기 위해서가 아니고, 해변에 놀러 가기 위해서이다. 여름이 되면, 나와 친구들은 자주 해변에 놀러 가는데, 나는 수영을 할 줄 몰라서 늘 다른 사람만큼 재미있게 놀지를 못한다. 그래서 이번에는 반드시 수영을 잘 배워서 터득하겠다고 결심했다.

문제

91. 可口　妈妈　的　做　饭菜　非常

입에 맞다 / 엄마 / ~의 / 하다 / 음식 / 아주

해설

1단계 ······ 함께 쓸 수 있는 단어들을 묶어 본다.
- [妈妈 做], [做 饭菜]

2단계 ······ 주어/술어/목적어 구조를 만든다.

　　　주어　　술어
- 饭菜　可口

- 정도부사 非常은 술어 앞에 온다. → 非常 可口
  예)这个游戏非常好玩。 이 오락은 매우 재미있다.

3단계 ······ 주술구에 的를 붙이면 명사를 수식하는 관형어가 될 수 있다.
- 妈妈 做 的 饭菜
  예)今天看的电影非常有意思。 오늘 본 영화는 무척 재미있다.

- -

모범답안 妈妈做的饭菜非常可口。
엄마가 만든 음식이 입에 아주 잘 맞다.

+ 필수 암기 구절
- 饭菜可口 음식이 입에 맞다
- 可口的饭菜 입에 맞는 음식

　예) 奶奶做的饭菜很可口。 할머니께서 만드신 음식은 입에 잘 맞는다.

　　 这家饭店的饭菜非常可口。 이 식당 음식은 입에 참 잘 맞는다.

문제

92. 手机　肯定　他　是　忘了　了　带

휴대전화 / 틀림없이 / 그 / 이다 / 잊다 / 어기조사 / 챙기다(가져오다)

해설

 **1단계** …… 함께 쓸 수 있는 단어들을 묶어 본다.
- [带 手机], [忘了…了], [忘了 带 手机 了]

 **2단계** …… 주어/술어/목적어 구조를 만든다.

　　　　주어　술어　　목적어
- 他　忘了　带手机了
- 肯定은 주관적인 판단이 강하며, 肯定是의 형식으로 많이 쓰인다.

Tip　他是肯定忘了带手机了。(×)

- -

 他肯定是忘了带手机了。
그는 틀림없이 휴대전화 챙기는 것을 잊었을 것이다.

필수 암기 구절

- 忘了…了 : ~하는 것을 잊었다

　예) 我忘了给朋友买生日礼物了。친구에게 생일선물 사주는 것을 잊었다.

　　我忘了今天是你的生日了。오늘이 네 생일인 것을 깜박했다.

　　妈妈忘了把钥匙放在哪儿了。엄마는 열쇠를 어디 두셨는지를 잊으셨다.

93. 时间　飞机　就要　马上　到了　的　起飞

시간 / 비행기 / 머지않아 / 곧 / 이르다 / ~의 / 이륙하다

해설

 함께 쓸 수 있는 단어들을 묶어 본다.

– [就要 到了], [飞机 起飞], [⋯的 时间], [时间 到了]

– 就要⋯了는 가까운 시일 내에 사건이 발생함을 나타내는 임박형 문장에 쓰인다. 그러므로 就要와 到了가 연결되어 '머지않아 ~도착할 것이다'는 구절을 이끈다.

 주어/술어/목적어 구조를 만든다.

– 时间 就要 到了 / 飞机 起飞 的 时间 就要 到了

– 马上은 부사로 동사 앞에 오며, 일반적으로 뒤에 就와 호응하여 马上就의 형태로 많이 쓰인다.

Tip　飞机起飞的时间就要马上到了。(×)

모범답안　飞机起飞的时间马上就要到了。
비행기가 이륙할 시간이 다 되간다.

 필수 암기 구절

▪时间马上就要到了。시간이 곧 다 되간다

예) 电影放映时间马上就要到了。영화 상영시간이 곧 다 되간다.
新学期开学的时间马上就要到了。신학기 개학할 때가 곧 다 되간다.
约好的时间马上就要到了。약속한 시간이 곧 다 되간다.

94. 太大　最近　他　工作　了　感到　压力

너무 크다 / 최근 / 그 / 일 / 어기조사 / 느끼다 / 압력(스트레스)

해설

 **1단계** ······ 함께 쓸 수 있는 단어들을 묶어 본다.
- [太大 了], [压力 太大 了], [工作 压力 太大 了]

 **2단계** ······ 주어/술어/목적어 구조를 만든다.

       주어   술어   목적어
- 最近他/他最近　感到　工作压力太大了

[Tip] 最近他工作感到压力太大了。(×)

 **모범답안** 最近他感到工作压力太大了。
최근 그는 일에서 오는 스트레스가 너무 크다고 느낀다.

他最近感到工作压力太大了。
그는 최근 일에서 오는 스트레스가 너무 크다고 느낀다.

 **필수 암기 구절**

■ 感到…压力大 : ~한 스트레스가 크다고 느끼다

예) 最近我感到生活压力很大。 최근 나는 생활(삶)의 스트레스가 너무 크다고 느낀다.

最近我感到学习压力很大。 최근 나는 학업 스트레스가 너무 크다고 느낀다.

大学生感到就业压力很大。 대학생은 취업 스트레스가 너무 크다고 느낀다.

95. 无聊的时候　打发　用　他　看书　来　时间

무료할 때 / (시간을) 보내다 / 사용하다 / 그 / 책을 보다 / 오다 / 시간

 1단계 ······ 함께 쓸 수 있는 단어들을 묶어 본다.

－ [打发 时间]

 2단계 ······ 주어/술어/목적어 구조를 만든다.

주어　술어　목적어
－ 他 打发 时间

나머지를 위치시킨다.

－ [用…来] [用 看书 来]

 3단계 ······ 用看书来는 전치사구이므로 동사 앞에 온다. 이 때 来는 전치사구와 동사구 사이에 쓰여, 전자는 방법, 방향, 태도를 표시하고, 후자는 목적을 표시하게 하는 역할을 한다.

- -

모범답안　**他无聊的时候用看书来打发时间。**

그는 무료할 때 책을 보면서 시간을 보낸다.

필수
암기
구절

- 用…打发…时间 : ～을 하면서 ～(한) 시간을 보내다

예) 周末我用游戏机打发无聊的时间。 주말에 나는 오락기로 무료한 시간을 보낸다.

我用运动打发空闲的时间。 나는 운동으로 한가한 시간을 보낸다.

我会用听音乐打发闲暇的时光。 나는 음악을 들으며 여가 시간을 보낸다.

96. 不舒服　妈妈　总是　最近　身体　感到

불편하다 / 엄마 / 늘 / 최근 / 몸 / 느끼다

함께 쓸 수 있는 단어들을 묶어 본다.
– [身体 不舒服], [感到 不舒服], [感到 身体 不舒服]

주어/술어/목적어 구조를 만든다.

주 어　술 어　목 적 어
– 妈妈　感到　身体不舒服

– 最近은 시간을 나타내는 명사이므로 주어 앞이나 뒤에, 总是는 부사이므로 동사 앞에 온다.
→ 最近 总是 感到

Tip　妈妈总是最近感到身体不舒服。(×)

- -

 妈妈最近总是感到身体不舒服。
엄마는 최근 늘 몸이 불편하다고 느낀다.

最近妈妈总是感到身体不舒服。
최근 엄마는 늘 몸이 불편하다고 느낀다.

필수
암기
구절

■ 感到…不舒服 : ～가 불편함을 느끼다
예) 吃完雪糕后我感到肚子不舒服。아이스크림을 먹고나서 배가 거북함을 느꼈다.
看完恐怖电影后我感到心里不舒服。공포영화를 보고 나서 마음이 불편했다.
看到他们俩在一起后我感到心里很不舒服。
그들 둘이 함께 있는 것을 보고 나는 심기가 아주 불편했다.

97. 一般 喝 下午 不 咖啡 我

일반적으로(보통/대개) / 마시다 / 오후 / 아니다 / 커피 / 나

 해설

1 단계 ······ 주어/술어/목적어 구조를 만든다.
- 我 喝 咖啡

2 단계 ······ 부사어의 위치를 따진다.
- 不 喝
- 부사어 순서 : 범위 + 시간 + 부정 [一般 下午 不]
- 시간명사는 주어 앞·뒤에 올 수 있다.

모범답안 我一般下午不喝咖啡。
나는 보통 오후에는 커피를 마시지 않는다.

下午我一般不喝咖啡。
오후에 나는 보통 커피를 마시지 않는다.

 **필수 암기 구절**

- 一般不… : 대개(일반적으로) ~하지 않는다
  예) 孩子们一般不喜欢吃肥肉。아이들은 대개 비계 먹는 것을 좋아하지 않는다.
  她一般不爱吃夜宵。 그녀는 대개 밤참을 즐겨 먹지 않는다.
  我一般不去人多的地方。나는 대개 사람이 많은 곳에 가지 않는다.

98. 墙上　同学们　教室的　贴着　学习计划　写的
벽 위에 / 동급생들 / 교실의 / 붙여져 있다 / 학습계획 / 쓴

해설

 함께 쓸 수 있는 단어들을 묶어 본다.
- [教室的 墙上], [同学们 写的], [同学们 写的 学习计划]

 주어/술어/목적어 구조를 만든다.

      주어　　　술어　　목적어
- 教室的墙上　贴着　学习计划

- 존현문의 경우 장소사는 술어 앞에 놓인다.
  예) 桌子上摆着很多东西。책상위에 많은 물건들이 있다.

Tip 同学们写的学习计划贴着教室的墙上。（×）

- -

 教室的墙上贴着同学们写的学习计划。
교실 벽에 동급생들이 쓴 학습계획이 붙여져 있다.

필수 암기 구절

■ …上贴着… : ~에 ~이 붙여져 있다
  예) 冰箱上贴着妈妈写的纸条。냉장고에 어머니께서 쓰신 쪽지가 붙어 있다.

99 自行车　害怕　撞到　羡慕　很棒
자전거 / 무서워하다 / 부딪히다 / 부럽다 / 수준이 높다

해설

문장연습 단어를 이용해 문장을 만들어 보세요.

1. 我胆子很小，一个人在家的时候很害怕。
   나는 담이 작아 혼자 집에 있을 때 무섭다.

2. 我走路不小心，一下子撞到了树上。
   나는 길을 걷다 부주의하여 일순간 나무에 부딪쳤다.

3. 大家都羡慕我有一个既温柔又漂亮的好姐姐。
   모두 나에게 온유하고 아름다운 좋은 누나가 있는 것을 부러워한다.

4. 我妹妹骑自行车骑得很棒，她不但骑得快而且骑得稳，没看见她摔倒过，我非常羡慕她。
   내 여동생은 자전거를 잘 탄다. 그녀는 빠르게 탈 뿐만 아니라 안정적이라 그녀가 넘어지는 걸 본 적이 없다. 나는 그녀가 아주 부럽다.

5. 我昨天骑自行车去商场买东西，因为我学骑车的时间不长，所以有点紧张，怕撞到别人，可我刚学的时候却一点儿也没害怕。
   나는 어제 자전거를 타고 상가에 가 물건을 샀다. 나는 자전거를 배운지 얼마 되지 않았기 때문에 다른 사람과 부딪칠까봐 긴장하였지만 막 배웠을 때는 오히려 조금도 두려움이 없었다.

개요짜기 주어진 단어를 이용해 개요를 만들어 보세요.

서론 초등학교 때 자전거를 배움 → 自行车
본론 막 배웠을 때는 무서운 줄 모르고 타다 다치고 난 후 못 탐 → 害怕, 撞到
결론 자전거를 잘 타는 친구들이 부러움 → 羡慕, 很棒

		我	小	学	五	年	级	的	时	候	就	开	始	学	骑
自	行	车	，		刚	学	会	我	就	开	始	上	大	道	骑，
也	不	知	道	害	怕	。		有	一	次	我	骑	车	差	一点
撞	到	了	汽	车	，		从	自	行	车	上	摔	了	下	来，
腿	也	摔	伤	了	，		从	那	以	后	我	再	也	不	敢骑
车	了	，		我	很	羡	慕	我	的	朋	友	们	，		他	们	都
骑	得	很	棒	。

단어

小学 xiǎoxué 명 초등학교 ┃ 年级 niánjí 명 학년 ┃ 大道 dàdào 명 큰길, 대로 ┃ 上 shàng 동 (어떤 곳으로) 가다 ┃ 差一点 chàyìdiǎn 부 자칫하면 ┃ 撞 zhuàng 동 부딪치다 ┃ 汽车 qìchē 명 자동차 ┃ 摔 shuāi 동 (몸의 균형을 잃어) 넘어지다 ┃ 腿 tuǐ 명 다리 ┃ 再也 zàiyě 부 다시는, 대개 뒤에 부정의 뜻이 온다 ┃ 不敢 bùgǎn 동 감히 ~하지 못하다 ┃ 羡慕 xiànmù 동 부러워하다

해석

나는 초등학교 5학년 때 자전거 타는 것을 배웠다. 막 배우고 나서 나는 바로 큰길로 나가 탔는데 무서운 줄도 몰랐다. 한번은 자전거를 타다 하마터면 자가용과 부딪칠 뻔 했다. 자전거에서 미끄러져 다리를 다쳤다. 그 때 이후 나는 다시는 감히 자전거를 타지 못했다. 나는 내 친구들이 부럽다. 그들은 모두 아주 잘 탄다.

100.

해설

문장연습 (교실에서 학생들이 밝은 표정으로 수업 받고 있는 모습)

1. 上课的时候大家都积极热情地发言，课堂的气氛非常好。
   수업을 할 때 모두 적극적이고 열정적으로 발표를 해서 교실 분위기가 아주 좋다.

2. 我上课的时候很注意听讲，所以老师经常表扬我，我觉得注意听课是一个学生应该具备的最基本的学习态度，也是尊重老师的表现。
   내가 수업시간에 주의 깊게 수업을 듣기 때문에 선생님께서는 항상 나를 칭찬하다. 주의 깊게 수업을 듣는 것은 학생이 마땅히 갖추어야할 가장 기본적인 학습 태도이며 선생님을 존중한다는 표현이라고 생각한다.

3. 我的同桌是个男同学，他上课的时候从不搞小动作，总是那么认真，我很幸运和他同桌。
   내 짝은 남학생인데 그는 수업할 때 여태 장난을 친 적이 없다. 항상 그렇게 열심히 수업을 듣는다. 그와 짝이 되어서 나는 정말 운이 좋다.

개요짜기 사진 속 상황을 보고 개요를 만들어 보세요.

서론 나는 영어 수업을 가장 좋아한다

본론 영어 수업이 재미있는 이유

결론 영어 선생님 수업방식의 효과

		在	学	校	开	的	几	门	课	中	，		我	最	喜	欢
英	语	课	，		因	为	英	语	老	师	讲	课	非	常	有	意
思	，		他	上	课	的	时	候	，		常	常	用	不	同	的	声
音	，		不	同	的	表	情	，		逗	得	我	们	哈	哈	大	笑，
同	时	一	些	句	子	就	给	我	们	留	下	了	深	刻	的
印	象	。

단어 开 kāi 통 열다(수강하다) ｜ 有意思 yǒuyìsi 형 재미있다, 흥미 있다 ｜ 逗得 dòude 통 ～를 야기하다 ｜ 在…中 zài…zhōng ～중에서 ｜ 给…留下(深刻的)印象 gěi…liúxià(shēnkè de) yìnxiàng ～에게 (깊은) 인상을 남기다

해석 학교에서 수강하는 몇몇 과목 중 나는 영어수업을 가장 좋아한다. 왜냐하면 영어선생님의 강의는 매우 재미있기 때문이다. 그는 수업을 할 때 항상 다른 목소리, 다른 표정을 지어 항상 우리를 하하거리며 크게 웃게 만든다. 동시에 몇몇 문장은 우리에게 깊은 인상을 남겼다.

 **문제**

91. 今天　一身　穿　了　他　蓝色的西装

오늘 / 한 벌 / 입다 / 조사 / 그 / 남색 양복

 **해설**

1 단계 ······ 주어/술어/목적어 구조를 만든다.

　　주 어　술 어　　목 적 어
－ 他　　穿　　蓝色的西装

－ 今天은 시간명사이므로 주어 앞이나 뒤에 올 수 있다. → 他 今天 / 今天 他

2 단계 ······ 함께 쓸 수 있는 단어들을 묶어 본다.

－ [一身 蓝色的西装], [穿 了]

－ 이 문장에서 一身은 온몸, 전신을 나타내는 명사가 아니라 의복 한 벌을 뜻하는 차용양사임에 주의해야 한다. 위아래 한 벌을 나타내는 양사이므로 西装 앞에 온다.

－ 了는 동태조사로 동사 뒤에 온다.

모범답안 他今天穿了一身蓝色的西装。
그는 오늘 남색 양복 한 벌을 입었다.

 **필수 암기 구절**

- 穿一身… : ~한 벌 입다
- 穿一身新衣服　새 옷으로 한 벌 쫙 빼입다.

　　예) 约会时她穿了一身漂亮的新衣服。데이트할 때 그녀는 예쁜 새 옷을 한 벌 쫙 빼입었다.

92. 批评了一顿　今天　老师　又　他　把

한차례 비평하다 / 오늘 / 선생님 / 또 / 그 / ~을

 해설

1단계 …… 把자문 구조를 만들어 준다.
- 老师 **把** 他 批评了一顿

2단계 …… 관형어와 부사어의 위치를 찾아준다.
- 今天 老师 把 他 批评了一顿
- 把他는 전치사구 이므로 부사 又는 把 앞에 온다. → 老师 又 把他

 모범답안

今天老师又把他批评了一顿。
오늘 선생님께서 또 그를 한차례 나무라셨다.

老师今天又把他批评了一顿。
선생님께서 오늘 또 그를 한차례 나무라셨다.

필수 암기 구절

■ A 把 B 批评了一顿 : A가 B를 한차례 나무랐다

예) 王经理把我批评了一顿。왕 지배인이 나를 한차례 나무랐다.

爷爷把孙子批评了一顿。할아버지가 손자를 한 차례 야단치셨다.

这个周老板又把我批评了一顿。이번 주에 사장님이 또 나를 한 차례 나무랐다.

93. 集中　上课　他　的时候　不能　总是

집중하다 / 수업을 하다 / 그 / ~할 때 / ~할 수 없다 / 항상

해설

1단계  …… 주어/술어/목적어 구조를 만든다.

　주 어　술 어
- 他　集中

- 不能은 조동사의 부정형이므로 동사 앞에 온다. → 不能 集中

2단계  …… 관형어와 부사어의 위치를 찾아준다.

- [总是 不能] [上课 的时候]

- 总是는 부사이므로 조동사 앞에 온다. → 他 总是 不能集中

- 上课的时候는 시간을 나타내는 말이므로 주어의 앞이나 뒤에 올 수 있다.

Tip　他上课的时候不能总是集中。（×）

　他上课的时候总是不能集中。

그는 수업을 할 때 항상 집중할 수 없다.

필수 암기 구절

■ …的时候总是不能… : ~할 때 항상 ~할 수 없다

예) 放假的时候总是不能专心学习。 방학 때는 항상 공부에 전심으로 공부할 수 없다.

94. 根本　她　问题　这么做　解决不了

전혀 / 그녀 / 문제 / 이렇게 하다 / 해결할 수 없다

해설

주어/술어/목적어 구조를 만든다.

주 어　　술 어　　목 적 어

– 她　解决不了　问题

부사어의 위치를 찾아준다.

– 她 根本 解决不了 问题

– 根本이 부사로 '전혀, 아예'의 의미를 나타낼 때는 주로 부정형 문장에 쓰인다.

예) 她自己苦苦思考根本找不出问题的答案。 그녀 혼자 열심히 고민해봤지만 문제의 답을 찾아내지 못했다.

모범답안　她这么做根本解决不了问题。

그녀가 이렇게 해서는 전혀 문제를 해결 할 수 없다.

필수 암기 구절

- 根本不喜欢　전혀 좋아하지 않다

  예) 小李根本不喜欢小王。 小李는 小王을 전혀 좋아하지 않는다.

- 根本不知道　전혀 모르다

  예) 小金根本不知道这件事儿。 小金은 이 일을 전혀 모른다.

95. 事儿 他 做 一件 了 不应该做的

일 / 그 / 하다 / 하나 / 조사 / 하지 말아야 할

1단계 ······ 함께 쓸 수 있는 단어들을 묶어 본다.

– [一件 事儿], [不应该做的 事儿], [一件 不应该做的 事儿]

– 一件은 事儿의 양사이다. → 一件事儿

– …的 뒤에는 명사가 올 수 있다. → 不应该做的事儿

2단계 ······ 주어/술어/목적어 구조를 만든다.

주어 술어 목적어   주어 술어   목적어
– 他 做 事儿 / 他 做 一件不应该做的事儿

– 목적어 앞에 수량을 나타내는 말이 있을 때, 了는 일반적으로 동사 뒤에 위치한다.

- -

他做了一件不应该做的事儿。

그는 하지 말아야 할 일을 했다.

＋ 필수 암기 구절

■ …做了一件…的事儿 : ～가 ～한 일을 했다

예) 今天我做了一件非常愚蠢的事情。 나는 오늘 무척 어리석은 일을 했다.

他做了一件我不能理解的事儿。 그는 내가 이해할 수 없는 일을 했다.

她今天做了一件让我感动的事儿。 그녀는 오늘 나를 감동시키는 일을 했다.

96. 走来　向我　面带微笑　一个女孩　地

걸어오다 / 나를 향해 / 미소를 띠다 / 여자아이 / ~하게

해설 ::

 주어/술어/목적어 구조를 만든다.

주 어　　술 어
– 一个女孩　走来

 함께 쓸 수 있는 단어들을 묶어 본다.

– [面带微笑 地]，[向我 走来]

– 向我는 전치사구이므로 동사 앞에 온다. → 向我 走来

– 面带微笑地는 동작자를 묘사 하는 부사어이므로 주어 가까이, 전차사구 앞에 위치 한다.

Tip　一个女孩向我面带微笑地走来。(×)

- -

 **一个女孩面带微笑地向我走来。**
여자아이 하나가 미소를 띠며 나를 향해 걸어온다.

＋ 필수 암기 구절

■ …地向…走来 : ~며 ~를 향해 걸어오다

예) 他慢慢地向我走来。 그는 천천히 나를 향해 걸어왔다.

他急匆匆地向我走来。 그는 급히 나를 향해 걸어왔다.

他抱着鲜花缓缓地向我走来。 그는 꽃을 안고 천천히 나를 향해 걸어왔다.

97. 不是　他　不来　因为　的　身体不舒服

아니다 / 그 / 오지 않다 / ~때문에 / 조사 / 몸이 아프다

해설

 ······ 함께 쓸 수 있는 단어들을 묶어 본다.
- 因为 身体不舒服 不来

 ······ 是…的 강조구문의 부정형을 만들어준다. → 주어 + 不是… + 的
- 他 不是…的
- 강조하려는 내용을 是…的 사이에 넣어준다. → 是 因为身体不舒服不来 的

 他不是因为身体不舒服不来的。
그는 몸이 아파서 안 온 게 아니다.

필수 암기 구절

■ 不是因为… : ~때문이 아니다
예) 她生气的原因不是因为天热，而是因为他的话。
　　그녀가 화를 낸 것은 날씨가 더워서가 아니고 그의 말 때문이다.
　　她不是因为讨厌他才不去聚会的。 그녀는 그를 싫어해서 모임에 안 간 것이 아니다.
　　有些事不是因为喜欢才做的。 어떤 일들은 좋아서 하는 것은 아니다.

[Tip] 是…的 문형은 이미 완성된 동작의 발생 시간·장소·방식 등을 강조한다.

예) 他是去年来的。 그는 작년에 왔다.
　　她是在上海遇见他的。 그녀는 상하이에서 그를 우연히 만났다.

98. 离开　亲眼看到　我　他背着　学校　书包

떠나다 / 직접 보았다 / 나 / 그는 (등에) 지다 / 학교 / 책가방

…… 함께 쓸 수 있는 단어들을 묶어 본다.

－ [他背着 书包], [离开 学校]

－ 着는 연동문 첫 번째 동사 뒤에 쓰여 수반되는 동작을 나타낸다.

－ 동사1 + 着 + 동사2 : 他背着书包 离开学校

…… 주어/술어/목적어 구조를 만든다.

　　　주어　　술어　　　　　목적어
－ 我　亲眼看到　他背着书包离开学校

－ 他背着书包离开学校가 看到의 목적어가 된다.

- -

모범답안　我亲眼看到他背着书包离开学校。

나는 그가 책가방을 짊어지고서 학교를 떠나는 것을 직접 봤다.

필수 암기 구절

■ 동사 + 着…离开 : ~을 하면서 ~를 떠나다

예) 客人拿着行李离开饭店。종업원은 짐을 들고 호텔을 떠나갔다.

他拿着书离开图书馆。그는 책을 들고 도서관을 떠나갔다.

他怀着愤怒离开办公室。그는 분노를 품고 사무실을 떠나갔다.

99 减肥　计划　不远　坚持　放弃

살을 빼다 / 계획 / 멀지 않다 / 고수하다 / 포기하다

해설

문장연습 단어를 이용해 문장을 만들어 보세요.

1. 我计划在三年之内把汉语学好，所以我必须努力坚持下去。
   나는 삼 년 안에 중국어를 다 배우기로 계획하였으니 나는 반드시 노력해나갈 것이다.

2. 如果你这么坚持下去的话，在不远的将来，你会成为中国通的。
   만약 당신이 이렇게 해 나간다면 멀지 않은 미래에 중국에 정통한 사람이 될 수 있을 것이다.

3. 为了自己的事业，他放弃了享受生活的权利。
   자신의 사업을 위해 그는 생활을 즐길 권리를 포기했다.

4. 离我家不远的地方有一所小学，我经常去那个学校的操场运动，我已经坚持了好几个月了，以后我不想放弃。
   우리 집에서 멀지 않은 곳에 초등학교가 있는데 나는 항상 그 학교 운동장에 가서 운동을 한다. 나는 이미 몇 개월간 계속했고 이후에도 포기하고 싶지 않다.

5. 最近我发现自己又发胖了，所以我给自己定了一个计划，打算6个月之内减下5公斤，这已经是我第五次下决心减肥了。
   최근 나는 자신이 살쪘다는 것을 발견하고서 스스로 계획을 세워 6개월 내 5kg을 빼려고 하는데 내가 다이어트하기로 결심한 것이 벌써 5번째이다.

개요짜기 주어진 단어를 이용해 개요를 만들어 보세요.

서론 최근 다이어트 하기로 결심 → 减肥
본론 다이어트 계획 → 计划, 不远
결론 일주일도 안 돼 포기 → 坚持, 放弃

		最	近	我	发	现	自	己	胖	了	很	多	，		觉	得
应	该	减	减	肥	了	。	所	以	除	了	每	顿	少	吃	饭
以	外	，	我	给	自	己	定	了	个	计	划	，	就	是	每
天	下	课	回	家	吃	完	饭	后	，	做	两	个	小	时	的
作	业	，	然	后	到	离	我	家	不	远	的	学	校	运	动
场	跑	10	圈	儿	，	计	划	定	好	以	后	，	我	坚	持
了	不	到	一	个	星	期	就	放	弃	了	。				

胖 pàng 图 살찌다 ㅣ 减肥 jiǎnféi 图 살을 빼다, 다이어트하다 ㅣ 除了…以外 chúle… yǐwài ~을 제외하고는, ~이외에는 ㅣ 顿 dùn 양 끼니 ㅣ 计划 jìhuà 명 계획

최근 나는 자신이 살이 많이 찐 것을 발견하고 살을 빼야겠다고 느꼈다. 그래서 매끼 밥을 조금 먹는 것 외에 나 스스로 계획을 세웠는데 매일 수업이 끝나고 집으로 돌아와 밥을 먹은 후 두 시간 동안 숙제를 하고 그런다음 집에서 멀지 않은 학교운동장에 가 10바퀴 뛰는 것이었다. 계획을 다 세운 후 나는 일주일도 안 돼 포기했다.

해설

문장연습 (지하철을 탄 모습)

1. 我上班的时候从来不坐公共汽车，只坐地铁。
   나는 출근할 때 여태껏 버스를 탄 적이 없고 오직 지하철만 탄다.

2. 昨天我坐地铁的时候，我旁边的一个女孩睡着了，她的头倚在了我的肩上，我感到很不舒服，因为她毕竟不是我女朋友。
   어제 내가 지하철을 탔을 때, 내 옆의 한 여자아이가 졸았는데 그녀가 머리를 내 어깨에 기대어서 나는 매우 불편했다. 왜냐하면 그녀는 어디까지나 내 여자 친구가 아니기 때문이다.

3. 坐地铁的时候，有的人很不注意礼貌，今天我就碰到了这样的人，他从上车开始就大声通话，一直到下车。
   지하철을 탈 때, 어떤 사람은 예의를 지키지 않는다. 오늘 나는 바로 그런 사람을 만났다. 그는 차에 오르면서부터 큰소리로 통화를 하더니 내릴 때까지 쭉 그랬다.

개요짜기 사진 속 상황을 보고 개요를 만들어 보세요.

서론 집 근처에 지하철역이 있어 편하다

본론 등하교를 지하철로 한다

결론 지하철을 타면 좋은 이유

		离	我	家	不	远	就	有	一	个	地	铁	站	，		所
以	出	门	很	方	便	，		我	每	天	上	学	放	学	都	坐
地	铁	，		很	少	坐	公	共	汽	车	。		因	为	坐	地	铁
不	用	等	很	长	时	间	，		而	且	不	堵	车	，		所	以
我	一	般	都	能	按	时	到	学	校	上	课	，		从	不	迟
到	。															

出门 chūmén 图 외출하다 | 地铁 dìtiě 图 지하철 | 公共汽车 gōnggòngqìchē 图 버스 | 堵车 dǔchē 图 차가 막히다 | 按时 ànshí 图 제때에, 시간에 맞추어 | 迟到 chídào 图 지각하다, 늦게 도착하다

우리 집에서 멀지 않은 곳에 지하철역이 하나 있어서 외출이 매우 편리하다. 나는 매일 등하교를 할 때 모두 지하철을 타고, 버스를 타는 경우는 적다. 왜냐하면 지하철을 타면 오래 기다릴 필요가 없고, 게다가 차가 막히지 않기 때문이다. 그래서 나는 보통 제시간에 학교에 가 수업을 하고 지각하는 경우는 매우 적다.

문제

91. 反效果　会　孩子　有　对　过分严格

역효과 / ~할 수 있다 / 있다 / 아이 / ~에 대하여 / 지나치게 엄격하다

해설

1단계 ······ 함께 쓸 수 있는 단어들을 묶어 본다.

－ [对 孩子], [有 反效果]

2단계 ······ 주어/술어/목적어 구조를 만든다.

주어　술어　목적어
－ 过分严格 有 反效果

－ 对…严格 : 对 孩子 过分严格

－ 숲는 조동사이므로 동사 앞에 온다. → 会 有

모범답안 对孩子过分严格会有反效果。

아이에게 지나치게 엄격하면 역효과를 낼 수 있다.

＋ 필수 암기 구절

■ 对…严格 : ~에게 엄격하다

예) 老师对学生很严格。선생님은 학생들에게 엄격하시다.

教练对选手非常严格。코치가 선수에게 매우 엄격하다.

Tip "我害怕爸爸?"(×)

초중급 학습자들의 작문 중에서 위와 같은 문구를 종종 발견하게 된다. 무슨 의미로 쓴 것인지 학생들에게 되물어 보면 대부분 '아버지가 매우 엄하셔서, 나는 아버지가 무섭다'라는 뜻으로 쓴 것이라고 대답한다. 그러나 害怕는 '~에 대하여 공포감, 두려움을 느낀다.'라는 뜻이므로, '我害怕爸爸'라고 하면 爸爸가 공포의 대상되는 것이다. 따라서 중국인들은 한국 학생들이 본인의 아버지를 '귀신이나 괴물 같은 공포의 대상'으로 표현하는 것이 이해가 되지 않아 고개를 갸우뚱할 수밖에 없다. '爸爸对我非常严格'라고 표현하는 것이 '아버지가 내게 매우 엄하시다. (그래서 아버지가 무섭다)'라는 본의에 가깝다.

■ 有反效果 : 역효과를 내다

문제

92. 兴趣 对 我 绘画 浓厚 有 的

흥미 / ~에 대하여 / 나 / 회화 / 농후하다 / 있다 / ~의

해설

1단계 ······ 함께 쓸 수 있는 단어들을 묶어 본다.

– [有兴趣], [对绘画], [浓厚的兴趣]

– 浓厚가 兴趣와 함께 쓰이면 '흥미가 높다, 관심이 높다'의 의미를 나타낸다.

2단계 ······ 주어/술어/목적어 구조를 만든다.

주어　술어　목적어
– 我　有　兴趣

– 对绘画는 전치사구이므로 주어와 술어 사이에 온다. → 我 对绘画 有兴趣

모범답안 我对绘画有浓厚的兴趣。
나는 회화에 높은 관심을 가지고 있다.

필수 암기 구절

■ 对…有浓厚的兴趣 : ~에 대해 높은 관심을 가지고 있다

예) 弟弟对数学有浓厚的兴趣。 동생은 수학에 대해 높은 관심을 가지고 있다.

我对集邮有浓厚的兴趣。 나는 우표수집에 대해 높은 관심을 가지고 있다.

他对京剧有浓厚的兴趣。 그는 경극에 대해 높은 관심을 가지고 있다.

93. 借走了　昨天　把　他　我的词典

빌려갔다 / 어제 / ~을 / 그 / 나의 사전

 把자문 구조를 만든다.
－ 他 **把** 我的词典 借走了

 함께 쓸 수 있는 단어들을 묶어 본다.
－ **昨天**은 시간명사이므로 **주어 앞, 뒤**에 올 수 있다.

모범답안 **昨天他把我的词典借走了。**
어제 그가 나의 사전을 빌려갔다.

필수 암기 구절

▪ 把…借走了 : ~을 빌려갔다

예) 邻居把晾衣架借走了。 이웃이 빨래 건조대를 빌려갔다.
同学把我的书借走了。 친구가 내 책을 빌려갔다.
他把我的钱全借走了。 그가 내 돈을 모두 빌려갔다.

94. 不爱说话　他　的　不喜欢　人

말하는 것을 좋아하지 않다 / 그 / ~의 / 싫어하다 / 사람

해설 ::

1단계 ······ 주어/술어/목적어 구조를 만든다.

주 어　　술 어　　목적어

－ 他　不喜欢　人

2단계 ······ 함께 쓸 수 있는 단어들을 묶어 본다.

－ [不爱说话 的 人]

모범답안　他不喜欢不爱说话的人。

그는 말하는 것을 좋아하지 않는 사람을 싫어한다.

＋ 필수 암기 구절

■ …不喜欢…的人 : ~는 ~한 사람을 좋아하지 않는다

　예) 我不喜欢撒谎的人。 나는 거짓말 하는 사람을 좋아하지 않는다.

　　 我不喜欢骄傲的人。 나는 교만한 사람을 좋아하지 않는다.

　　 我不喜欢懒惰的人。 나는 게으른 사람을 좋아하지 않는다.

95. 郊游　跟　家里人　明天　去　要　他

교외로 소풍가다 / ~와 / 집사람 / 내일 / 가다 / ~하려하다 / 그

해설

주어/술어/목적어 구조를 만든다.

주어　술어　목적어

－ 他　去　郊游

함께 쓸 수 있는 단어들을 묶어 본다.

－ [跟　家里人]

－ 跟家里人은 전치사구이므로 동사 앞에 온다. → 他　跟家里人 去

－ 要는 조동사이므로 전치사구 앞에 온다. → 要　跟家里人去

Tip　他明天跟家里人要去郊游。(×)

- -

모범답안　明天他要跟家里人去郊游。
내일 나는 집사람과 교외로 나들이 가려고 한다.

他明天要跟家里人去郊游。
그는 내일 집사람과 교외로 나들이 가려고 한다.

필수 암기 구절

■ 跟…去郊游 : ~와 교외로 나들이 가다

예) 明天我跟同事去郊游。 내일 나는 직장 동료와 교외로 나들이 간다.

　　我喜欢开车跟朋友去郊游。 나는 운전해서 친구와 교외로 나들이 가는 것을 좋아한다.

　　下周他要跟家人一起去郊游。 다음주에 그는 가족들과 함께 교외로 나들이 간다.

문제

96. 属于　不懈努力　未来　人　的

~에 속하다 / 꾸준히 노력하다 / 미래 / 사람 / ~하는

해설

1단계 ······ 함께 쓸 수 있는 단어들을 묶어 본다.
- [不懈努力 的 人]

2단계 ······ 주어/술어/목적어 구조를 만든다.

　　　　주어　술어　　　목적어
- 未来　属于　不懈努力的人

모범답안　未来属于不懈努力的人。

미래는 꾸준히 노력하는 사람의 것이다.

필수 암기 구절

- A属于B : A는 B에게 속한다(~는 ~의 것이다)

  예) 未来属于年轻人。미래는 젊은이들의 것이다.

  　　未来属于有能力的人。미래는 능력 있는 사람의 것이다.

  　　成功属于从不放弃的人。성공은 포기하지 않는 사람의 것이다.

97. 十年以前　那　的　了　事　已经　是

10년 전 / 그 / ~의 / 조사 / 일 / 이미 / ~이다

해설 ::

1단계 ······ 함께 쓸 수 있는 단어들을 묶어 본다.

[已经…了], [十年以前 的 事]

2단계 ······ 주어/술어/목적어 구조를 만든다.

주어　술어　　목적어
- 那　是　十年以前的事
- 已经은 부사이므로 동사 앞에 온다. → 已经 是

모범답안　那已经是十年以前的事了。

그것은 이미 10년 전의 일이다.

필수 암기 구절

- 已经是…[과거]…的事了 : 이미 ~한 일이다

  예) 那已经是很久以前的事了。 그것은 이미 아주 오래 전의 일이다.

  那已经是小学时候的事了。 그것은 이미 초등학교 때의 일이다.

  最后一次见他已经是上大学以前的事了。

  마지막으로 그를 본 것은 이미 대학 다니기 전의 일이다.

98. 一个多小时　在这儿　我　已经　等　了　他

한 시간여 / 여기에서 / 나 / 이미 / 기다리다 / 조사 / 그

해설

 시량보어가 인칭대명사 목적어를 가질 경우, 시량보어는 인칭대명사 뒤에 온다.
－ 等 他 一个多小时

 주어/술어/목적어 구조를 만든다.

주어 술어 목적어　　시량보어
－ 我　等　他　一个多小时了。

－ 在这儿은 전치사구이므로 동사 앞에 온다. → 在这儿 等

－ 已经은 부사이므로 전치사구 앞에 온다. → 已经 在这儿 等

- -

 我已经在这儿等他一个多小时了。
나는 이미 여기서 그를 한 시간이 넘게 기다렸다.

필수 암기 구절

■ 等他一个多小时了 그를 한 시간 넘게 기다리다

예) 女朋友等他一个多小时了。 여자친구가 그를 한 시간 넘게 기다렸다.
我已经在家等他一天了。 나는 집에서 그를 하루 종일 기다렸다.
我在约好的地方等他一个多小时了。 내가 약속장소에서 그를 한 시간 넘게 기다렸다.

99 放学　作业　补习班　写不完　连…都…

하교하다 / 숙제하다 / 학원 / 다 못 쓰다 / ~조차도

문장연습 단어를 이용해 문장을 만들어 보세요.

1. 我每天上补习班上到很晚才回家。
   나는 매일 학원에 가서 저녁이 되어서야 집으로 돌아온다.

2. 你这么忙腾腾的，今天根本写不完。
   너 이렇게 바빠서, 오늘 안으로는 도무지 다 쓸 수 없다.

3. 他今天连钱包都没带就出门了。
   그는 오늘 지갑도 안가지고 나갔다.

4. 每天我放学后，回到家里放下书包就开始写作业，吃完晚饭再接着写，不写到深更半夜根本写不完。
   매일 나는 학교 수업을 마친 후 집에 와 가방을 내려놓고 숙제를 하기 시작한다. 저녁밥을 다 먹고 다시 이어서 하는데 한밤중까지 하지 않으면 절대 다 하지 못한다.

5. 我下课后就得忙着去补习班，在补习班要呆到很晚才回家，有时连饭都来不及吃，根本没有玩的时间。
   나는 수업이 끝난 후 바삐 학원에 가야만 한다. 학원에서 늦게까지 있다가 겨우 집으로 돌아오는데 어떤 때는 밥도 제때에 못 먹으니 놀 시간은 전혀 없다.

개요짜기 주어진 단어를 이용해 개요를 만들어 보세요.

서론 방과 후 집에서 숙제한다 → 放学, 作业
본론 학교와 학원에서 내준 숙제가 너무 많아 다 못 한다 → 补习班, 写不完
결론 밥도 못 먹고 학교 간다 → 连…都…

		我	每	天	都	睡	得	很	晚	，	因	为	放	学	回
家	后	要	写	很	多	的	作	业	。	每	天	学	校	和	补
习	班	都	留	很	多	作	业	，	怎	么	写	也	写	不	完。
第	二	天	早	上	我	还	得	早	起	去	上	学	，	有	时
候	起	晚	了	连	饭	都	吃	不	上	，	所	以	妈	妈	很
担	心	我	的	健	康	。									

단어 放学 fàngxué 통 하교하다, 학교를 마치다, 학교를 파하다 ┃ 第二天 dì'èrtiān 명 이튿날, 다음날 ┃ 早起 zǎoqǐ 통 일찍 일어나다

해석 나는 매일 늦게 잔다. 학교수업을 마치고 집에 돌아온 후 많은 숙제를 해야 하기 때문이다. 매일 학교와 학원에서 내준 숙제가 많아서 정말 해도 해도 다 할 수가 없었다. 다음날 아침 나는 또 일찍 일어나 학교에 가야만 한다. 어떤 때는 늦게 일어나 밥도 못 먹는다. 그래서 엄마는 내 건강을 걱정하신다.

100.

문장연습 (축구하는 모습)

1. 昨天晚上法国队对意大利队的足球赛真是精彩极了。
   어제 저녁 프랑스팀과 이탈리아팀의 축구경기는 정말 훌륭했다.

2. 我的业余爱好就是踢足球，在学校上课的一天中，跟同学一起踢足球是我最开心的时候。
   나의 취미활동은 축구이다. 학교에서 수업을 하는 하루 중 친구들과 함께 축구를 할 때가 가장 신난다.

3. 我最喜欢的足球明星就是朴知成，只要有他的球赛，我一场也不落地看，有时候一直看到清晨。
   내가 가장 좋아하는 축구스타는 박지성이다. 그의 축구경기를 나는 하루도 안 빼고 보는데 어떤 때는 새벽까지 쭉 본다.

개요짜기   사진 속 상황을 보고 개요를 만들어 보세요.

서론 나는 축구는 못하지만 보는 건 좋아한다

본론 축구선수인 남동생을 응원한다

결론 동생이 골을 넣으면 기쁘다

		我	是	个	女	孩	子	，		所	以	不	会	踢	足	球，
不	过	我	很	喜	欢	看	足	球	赛	。		我	弟	弟	是	学
校	足	球	队	的	主	力	，		他	经	常	参	加	足	球	赛，
所	以	我	就	经	常	跟	着	弟	弟	给	他	助	威	。		每
次	当	弟	弟	把	球	踢	进	球	门	的	时	候	，		我	都
会	高	兴	得	跳	起	来	。									

단어 主力 zhǔlì 주력, 핵심 | 给…助威 gěi…zhùwēi ～를 응원하다 | 踢 tī 동 걷어차다, 차다 | 球门 qiúmén 명 골대

해석 나는 여자라서 축구는 못 하지만 축구경기 보는 것은 좋아한다. 내 남동생은 학교축구팀 핵심멤버로 그는 종종 축구경기에 참가한다. 그래서 나는 항상 남동생을 따라가 응원한다. 매번 남동생이 공을 골대에 넣을 때면 나는 기뻐 펄쩍펄적 뛴다.

문제

91. 热情　老王　工作　对　一股　总是有

열정 / 라오왕(인명) / 일(업무) / ~에 대하여 / 한 줄기 / 늘 있다

해설

1단계 ······ '对…有热情' 문형에 적용시킨다. : '~에 (대한) 열정이 있다'

－ 对 工作 总是有 热情

2단계 ······ 주어/술어/목적어 구조를 완성시킨다.

　　　주어　　술어　목적어　　　주어　　　　　술어　목적어
－ 老王　总是有　热情。/ 老王　对工作　总是有　热情。

－ [对 + 대상]으로 이루어진 전치사구는 조동사/부사의 앞 뒤, 주어의 앞에 쓸 수 있다.

예) 大家对我都很热情。사람들은 나에게 모두 친절하다.

外国留学生都对中国文化感兴趣。
외국 유학생들은 모두 중국의 문화에 흥미를 느낍니다.

－ '股'는 '맛, 기체, 냄새, 힘'따위를 세는 단위이다.

예) 一股热气 (훅 불어오는) 한 줄기의 열기

一股香味 (확 풍기는) 한 줄기의 향내

모범답안 老王对工作总是有一股热情。
老王은 업무에 대해 늘 열정이 있다.

필수 암기 구절

▪ 对…有热情 : ~에 대해 열정이 있다
예) 老师对讲课很有热情。선생님은 수업에 대해 무척 열정이 있으시다.

문제

92. 吧　拿走　你　喜欢的话　就　要是

어기조사 / 가지고 가다 / 너 / 좋아한다면 / 바로(곧) / 만약

해설

1단계 ······ 함께 쓸 수 있는 단어들을 묶어 본다.
- [你 拿走 吧], [你 喜欢的话], [你 喜欢的话 拿走 吧]
- 吧는 어기조사이므로 문미에 둔다.

2단계 ······ 要是… 就~ 문형에 적용시킨다.
- 要是 你 喜欢的话 就 拿走 吧
- 가정하는 내용을 要是 뒤에 넣는다.

모범답안 要是你喜欢的话就拿走吧。
좋아하시면 가져가세요.

필수 암기 구절

■ 要是…的话，就… : 만약 ~라면 (바로) ~하다

예) 要是天气好的话，我就走。만일 날씨가 좋다면 나는 가겠다.

　　要是你觉得辛苦的话就放弃吧。만일 고생스럽다고 느끼면 포기해라.

　　要是你觉得贵的话就不要买了。만일 비싸다고 느끼면 사지 마라.

93. 三个　离　时间　吃饭　小时　还有

세 개 / ~로부터 / 시간(동안) / 식사(하다) / 시간 / 아직 남았다.

해설

1단계 ……… 함께 쓸 수 있는 단어를 묶는다.

– [三个小时], [吃饭时间]

– 小时와 时间 둘 다 '시간'으로 해석되지만 양적인 시간 개념으로는 '小时'를, '어떤 시각과 시각의 사이(동안)' 혹은 '~하는 때'란 의미로는 时间을 사용한다.

예) 你太累了，今天最好睡上十来个小时。너는 너무 피곤하니, 오늘 10시간쯤 자는 것이 좋겠다.

Tip 三个时间 (×)

Tip 吃饭小时 (×)

2단계 ……… 离…还有~ 문형에 적용시킨다. ~로부터(까지) 아직 ~남다

모범답안 离吃饭时间还有三个小时。

식사 시간까지 아직 3시간 남았다.

필수 암기 구절

■ 离…还有…小时 : ~까지 아직 ~시간 남다.

예) 离飞机起飞还有一个小时。비행기 이륙시간까지 아직 한 시간 남았다.

离开学还有一个周。개학까지 아직 일주일 남았다.

离期末考试还有三天。기말고사까지 아직 3일 남았다.

94. 别人的东西　借　就　还　快点　了

다른 사람의 물건 / 빌리다 / 곧(바로) / 돌려주다 / 빨리 / 동태조사

해설

함께 쓸 수 있는 단어를 묶는다.

－[借 别人的东西]，[快点 还]

'동사1 + 了 + 就 + 동사2' 문형에 적용시킨다. 두개의 동작이 시간적으로 밀착되어 있음을 표현한다.

－借 了 就 还

Tip　借别人的东西就快点还了。(×)

- -

모범답안　借了别人的东西就快点还。

다른 사람의 물건을 빌렸으면 빨리 돌려줘야 한다.

필수 암기 구절

▪ 동사1 + 了 + 就 + 동사2 : 동사1 하고 바로 동사2 하다.

예) 卸下了行李，我们就到车间去了。 짐을 내려놓자마자 우리는 곧 작업장으로 갔다.

答应了别人的事儿就快点儿做。 약속하자마자 곧 서둘러 처리한다.

进了家门他就打开电脑。 집에 들어오자마자 곧 바로 컴퓨터를 켠다.

95. 喜欢不喜欢　才　不管　他　呢　你

좋아하는지 안 좋아하는지 / 어기부사 / 상관하지 않다 / 그 / 어기조사 / 너

 **1단계**

⋯⋯ **不管 + 정반형** 문형에 적용시킨다.

- 不管 喜欢不喜欢

 **2단계**

⋯⋯ 부사 **才**는 **부정사 앞**에, **呢**는 **서술문의 문미**에 둔다.

- 才 不管

- 呢는 서술문의 문미에 써서 사실을 확인하는 어기를 표시한다.

　예) 他要是不知道才怪呢! 그가 모른다면 참으로 이상한 일일 것이다.

모범답안　他才不管你喜欢不喜欢呢。

그는 네가 좋아하든 말든 신경도 안 쓸 거다.

필수 암기 구절

■ **不管 + A 不 A** : A이든 아니든 (상관없다)

예) 不管她信不信，事实总是事实。 그녀가 믿든 안 믿든 사실은 사실이다.

不管你看不看，反正我已经写了。 네가 보든 안 보든 어쨌든 나는 이미 썼다.

不管他来不来，反正我通知他了。 그가 오든 안 오든 어쨌든 나는 그에게 통지했다.

96. 一个民间故事　由　这部电影　的　改编　是

하나의 민간 이야기 / ~으로(부터) / 이 영화 / ~의 / 각색하다 / 이다

해설

 由…改编 (~을 각색하다) 문형에 적용시킨다.

－ 由 一个民间故事 改编

－ 전치사 由는 근거나 구성 요소를 나타낸다.

  예) 人体是由各种细胞组成的。 인체는 각종의 세포로 구성되어 있다.

 주어/술어/목적어를 찾는다.

　　　　주어　　술어 목적어
－ 这部电影　是　改编的

 这部电影是由一个民间故事改编的。

이 영화는 민간고사를 각색한 것이다.

필수 암기 구절

- 由…改编 : ~을 각색하다

  예) 这部电影是由同名小说改编的。 이 영화는 동명 소설을 각색하여 만든 것이다.

- 是…的 : (강조용법)~이다

  예) 金先生是坐火车去的。 MR.김은 기차를 타고 간 것입니다.

  Tip 중국어 문장에서 가장 중요한 성분은 '술어(동사/형용사)'라고 할 수 있다. 일단 술어로 쓰일 수 있는 단어를 고른 뒤, 그것의 주어와 목적어(혹은 보어)로 올 수 있는 단어들을 고르는 것이 일반적인 순서 이다. 성분상 각각의 위치에 올 수 있는 단어일지라도 의미상 성립되지 않는 것들은 배제해야 한다.

97. 十天　离开　了　爸爸　家　大概有

열흘 / 떠나다 / 어기조사 / 아빠 / 집 / 대략~ 되다

해설 

1 단계 …… 주어/술어/목적어를 찾는다.

　　　주어　술어　목적어
– 爸爸　离开　家
– 주어 술어 목적어로 구성된 문장이 다시 문장 안에서 주어 혹은 목적어가 될 수 있다.
예) 我知道他是中国留学生。 나는 그가 중국인 유학생인 것을 알고 있다.

2 단계 …… 大概 有 (时间) 了 문형에 적용한다. : 대략 (~의 시간이) 되다
– 大概 有 十天 了

- -

모범답안 爸爸离开家大概有十天了。
아빠가 집을 떠나신지 대략 열흘정도 되었다.

필수 암기 구절

■ 大概有[时间]了 : 대략 (~의 시간이) 되었다
예) 老王回中国大概有半个月了。 老王이 중국으로 돌아간 지 대략 보름정도 되었다.
姐姐结婚大概有两三年了。 누나가 결혼한지 대략 2~3년 되었다.
我学中文大概有三四个月了。 내가 중국어를 배운지 대략 3~4개월 되었다.

98. 做　他　事儿　什么　想得太多　都
하다 / 그 / 일 / 무슨 / 너무 많이 생각하다 / 모두

해설

1단계 ⋯⋯ 什么 + 명사 + 都 + 동사/형용사 문형에 적용시킨다. 어떤 ~이든 (예외 없이) 모두 ~하다
- 什么 事儿 都 想得太多

　　예) 她特别喜欢看电影，什么电影都想看。그녀는 영화 보는 것을 매우 좋아해서, 어떤 영화든지 다 보고 싶어 한다.

2단계 ⋯⋯ 주어/술어/목적어(보어) 구조를 만든다.

　　　　주어　술어　목적어　주어　　술어보어
- 他　做　什么事儿 / 他　都　想得太多

- 都 는 부사지만 이 문장에서는 什么와 호응관계에 있으므로, 做 앞에 올 수 없다.

Tip　他都做什么事儿想得太多。(×)

- -

모범답안　**他做什么事儿都想得太多。**
그는 무슨 일을 하든지 생각을 너무 많이 한다.

필수 암기 구절
■ 什么…都… : (예외 없이) 모두 ~ 하다
　　예) 广东人什么东西都能吃。광동인은 무엇이든지 모두 먹을 수 있다.

99 最近　健身房　放弃　下决心　坚持

최근 / 헬스장 / 포기하다 / 결심하다 / 끝까지 / 버티다(지속하다)

문장연습 단어를 이용해 문장을 만들어 보세요.

1. 我每天在健身房做两个小时的运动。
   나는 매일 헬스장에서 두 시간 동안 운동을 한다.

2. 我已经下决心不玩游戏了，可我总是管不住自己。
   나는 이미 오락을 하지 않겠다고 결심했지만, 늘 자제가 안 된다.

3. 他坚持不了几天就会放弃的，走着瞧。
   그 사람은 며칠 못 가서 포기할 거야. 두고봐.

4. 我去年一直在健身房锻炼，坚持了12个月，可到今年年初就放弃了，不过我觉得我能坚持这么长时间已经很不错了。
   나는 작년에 줄곧 헬스장에서 운동을 했다. 열두 달이나 계속 했었지만 올해 초에 포기하고 말았다. 그렇지만 내가 이렇게 긴 시간 동안 지속할 수 있었다는데 이미 만족한다.

5. 听说在招聘面试的时候，很重视一个人的外表形象，所以为了使自己变得苗条一些，我下决心减肥，最近我开始了晨练。
   채용면접을 할 때 외모를 매우 많이 본다고 해서, 내 자신을 좀 날씬하게 만들기 위해서 다이어트를 하기로 결심하고 최근에 아침운동을 시작했다.

개요짜기 주어진 단어를 이용해 개요를 만들어 보세요.

서론 최근 헬스장에 간다 → 最近，健身房
본론 운동을 꾸준히 하다 → 坚持
결론 운동 하겠다고 결심했다 매번 포기 → 下决心，放弃

我最近每周两次去健身房做运动，去一次要运动2个小时，虽然一星期两次少了点儿，不过我觉得如果我能坚持下去就很不错了。我以前也曾下决心运动，可每次都没坚持多久就放弃了。这次我可得坚持下去。

단어　健身房 jiànshēnfáng 몡 헬스클럽 ㅣ 运动 yùndòng 몡 운동 ㅣ 做运动 zuòyùndòng 운동을 하다 ㅣ 坚持 jiānchí 통 (어떤 태도나 주장 등을) 굳게 지키다, 견지하다 ㅣ 曾 céng 뵘 일찍이 ㅣ 放弃 fàngqì 통 (원래 있던 권리, 주장, 의견 등을) 포기하다

해석　나는 최근 일주일에 두 번 헬스장에 가서 운동을 한다. 한 번 가면 2시간 운동하는데, 한 주에 두 번 하는 것은 다소 적은 감이 있지만, 만약 내가 꾸준히 해나가기만 한다면 아주 괜찮을 것 같다. 이전에도 운동하겠다고 결심하기는 했었지만 매번 오래 못 가서 포기했었다. 이번에는 꾸준히 계속하려 한다.

100.

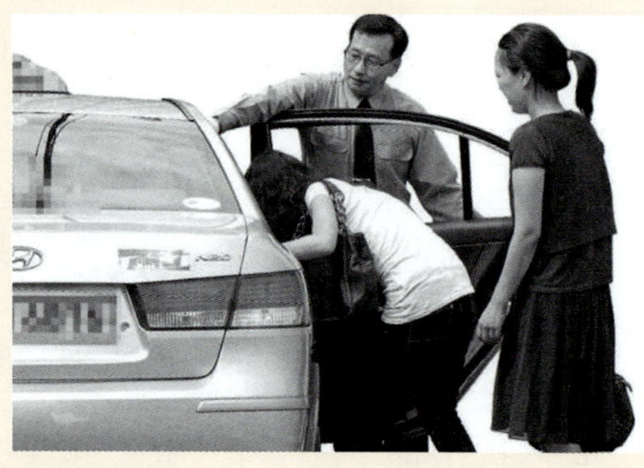

해설 ::

문장연습 (택시 타는 모습)

1. 我今天起晚了，坐出租车来的，可还是晚了10分钟。
   오늘 나는 늦게 일어나서 택시를 타고 왔지만 그래도 10분 늦었다.

2. 我是个学生，根本没有条件坐出租车，可有急事的时候不得不坐。但我每次坐出租车都觉得很浪费。
   나는 학생이어서 택시를 탈 형편이 전혀 안 되지만 급한 일이 있을 때는 안 탈 수가 없다. 그러나 매번 탈 때마다 돈이 아깝다고 느낀다.

3. 昨天是我最倒霉的一天，我坐出租车回家的时候，把我在百货商店买的东西落在了车上，那是我给妈妈买的生日礼物。
   어제는 정말 재수가 없는 하루였다. 택시를 타고 귀가할 때 백화점에서 산 물건을 차에 놓고 내리고 말았다. 그건 어머니께 드리려고 산 생신선물이었다.

개요짜기 사진 속 상황을 보고 개요를 만들어 보세요.

서론 자명종 소리를 듣지 못하고 잠

본론 평소보다 늦게 일어남

결론 택시 타고 다행히 늦지 않게 도착

　　昨天早上我没听见闹铃声，当我睁开眼睛时，吓了一跳，跟平时比我起晚了40分钟，我急急忙忙起床，洗了把脸，冲出家门。正好前面停了一辆出租车，真是谢天谢地。我坐上出租车，很顺利地到了学校，只晚了五分钟。

단어

闹铃声 nàolíngshēng 圐 자명종 소리 | 当…时 dāng…shí ~할 때 | 睁开 zhēngkāi 圐 눈을 뜨다 | 眼睛 yǎnjing 圐 눈 | 吓 xià 圐 놀래다, 놀라게 하다 | 跳 tiào 圐 (다리로 힘차게 솟구쳐) 위로 뛰어오르다, 껑충 뛰다 | 吓一跳 xià yi tiào 놀라서 펄쩍 뛰다, 깜짝 놀라다 | 急急忙忙 jíjí mángmáng 圐 부랴부랴, 급히 | 把 bǎ 圐 손으로 하는 어떤 동작을 세는 단위(수사는 'ㅡ'만 쓸 수 있다. 洗一把脸。帮他一把。) | 冲出 chōngchū 圐 탈출하다, 뚫고 나가다 | 停 tíng 圐 멈추다, 중지하다 | 辆 liàng 圐 대, 차량을 셀 때 쓰인다. 一辆自行车。 | 出租车 chūzūchē 圐 택시 | 谢天谢地 xiètiān xièdì 고맙기 그지없다, 감지덕지 하다 [감격해 하거나 의외의 좋은 결과에 기뻐할 때 쓰인다] | 顺利 shùnlì 圐 순조롭다

해석

어제 아침 나는 자명종 소리를 듣지 못했다. 눈을 떴을 때 깜짝 놀랐다. 평소에 내가 일어나는 시간보다 40분이나 늦은 것이다. 황급히 일어나서 세수를 하고 집을 나섰다. 마침 앞에 택시가 한 대 서 있어서 감지덕지하며 택시를 타서 순조롭게 학교에 도착하였고, 5분밖에 늦지 않았다.

문제

91. 坐落　百货商店　市中心　在　那家

(건물이) 자리 잡다 / 백화점 / 시 중심 / ~에 / 그(기업)

해설

1단계 …… 坐落在 + 장소 문형에 적용시킨다. : ~에 자리 잡고 있다.
- 坐落 在 市中心

2단계 …… 함께 쓸 수 있는 단어들을 묶는다.
- [那家 百货商店]
- 家는 가정·가게·기업 등을 세는 양사이다.
    예) 两家饭店 음식점 둘
    　　三家商店 상점 셋

- -

모범답안 那家百货商店坐落在市中心。
그 백화점은 시 중심에 자리 잡고 있다.

필수 암기 구절

■ 坐落 + 在 + 장소 : ~에 자리 잡고 있다
　예) 他的家坐落在路北。그의 집은 길 북쪽에 자리 잡고 있다.
　　　首尔大学坐落在首尔的西南部。서울대학교는 서울의 서남부에 자리 잡고 있다.
　　　那是一个坐落在太平洋上的美丽小岛。그것은 태평양에 자리 잡은 아름다운 작은 섬이다.

문제

92. 实习　我　今年三月份　要　一个中学　去

실습하다 / 나 / 올해 삼월 / ~해야 한다 / 중학교 / 가다

해설

 연동문 구조를 만든다.

– 我 去 一个中学 实习

– 연동문은 하나의 주어에 두 개의 술어가 있는 문장이다.

– 동작 발생 순서대로 去가 实习보다 먼저 온다. → 去…实习 : ~에 가서 실습하다

 나머지 부가 성분의 위치를 정리한다.

– 我 要 去一个中学实习

– 要는 조동사이므로 연동문의 첫 번째 동사 去 앞에 온다. → 要 去

– 시간을 나타내는 今年三月份은 주어 앞이나 뒤에 올 수 있다.

- -

모범답안　今年三月份我要去一个中学实习。

올해 삼월에 나는 중학교에 실습하러 가야 한다.

필수 암기 구절

■ 去…동사… : ~에 ~하러 가다

예) 金教授去中国收集资料。 김교수님은 중국에 자료 수집하러 간다.

他去日本出差。 그는 일본에 출장 간다.

妈妈去市场买菜了。 엄마는 시장에 반찬 사러 가셨다.

93.　一顿饭　就　今天　吃　了　我

한 끼(식사) / 단지(다만) / 오늘 / 먹다 / 동태조사 / 나

해설

就 + 동사 + 了 (다만(단지) ~하다) 문형에 적용시킨다.
- 就 吃 了

함께 쓸 수 있는 단어들을 묶는다.
- [吃 一顿饭], [我 今天 吃], [我 今天 吃 一顿饭]
- 동사 뒤에 수식어+명사 가 올 때, 了는 동사 뒤에 쓴다. → 吃 了 一顿饭

모범답안　我今天就吃了一顿饭。
나는 오늘 한 끼만 먹었다.

필수
암기
구절

■ 就 + 동사 + 了 : 다만(단지) ~[동사]하다

예) 就看了一本书。오직 한 권만 봤다.
　　就听了一首歌。오직 한 곡만 들었다.
　　就散了一会儿步。잠시 동안만 산책했다.

94.　发现　钱包　的时候　结账　才　没带

발견하다 / 지갑 / ~때에 / 계산하다 / ~에야 비로소 / 안 가져오다

해설

1단계 ······ …的时候 + 才 + 동사 (~할 때 (비로소) 하다) 문형에 적용시킨다.
－ 结账 的时候 才 发现

2단계 ······ 함께 쓸 수 있는 단어들을 묶는다.
－ [没带 钱包]

- -

모범답안　结账的时候才发现没带钱包。
계산할 때 비로소 지갑을 안 가져온 것을 발견했다.

필수 암기 구절

■ …的时候 + 才 + 동사 : ~할 때 (비로소) [동사]하다

예) 他在需要帮助的时候才来说，自己已经山穷水尽了。
그는 도움이 필요할 때만 찾아와서 궁하다고 한다.

出门的时候才发现下雨了。 외출 때에야 비로소 비가 오는 것을 발견했다.

开门的时候才发现钥匙丢了。 문을 열려고 할 때 비로소 열쇠 잃어버린 것을 발견했다.

95. 呢　一大堆　还有　洗　没　衣服

어기조사 / 한 무더기 / 여전히 있다 / 씻다(빨래하다) / 부정사 / 옷

1단계 ⋯⋯ 还有⋯ + 没 + 동사 + (呢) (아직 ～하지 않은 ～가 있다) 문형에 적용시킨다.
- 还有 衣服 没 洗 呢

2단계 ⋯⋯ 함께 쓸 수 있는 단어들을 묶는다.
- [一大堆 衣服]
- 堆는 양사로써 '무더기, 더미, 무리, 떼'를 의미한다.
  예) 一堆人 한 무리의 사람들

모범답안 **还有一大堆衣服没洗呢。**
아직 세탁하지 않은 옷이 한 무더기 있다.

필수 암기 구절

■ 还有⋯ + 没 + 동사 + (呢) : 아직 [동사] 하지 않은 ～가 있다

　예) 他想到还有点儿作业没做。 그는 아직 남은 숙제가 있다는 것이 생각났다.
　　还有一堆家务没有做呢。 아직 해야 할 집안 일이 남아 있다.
　　还有一堆问题没有解决呢。 아직 해결하지 못한 문제가 남아 있다.

96. 挂着　的　门上　游人止步　牌子

걸려있다 / ~의 / 벽에 / 여행객이 발걸음을 멈추다 / 간판

1단계 ······ 장소 + 挂着 + 목적어 : 존현문 문형에 적용시킨다.

－门上 挂着 牌子

Tip 牌子挂着门上。(×)

2단계 ······ 함께 쓸 수 있는 단어들을 묶는다.

－[游人止步 的 牌子]

- -

모범답안 门上挂着游人止步的牌子。

문에 여행객의 발걸음을 멈추(게 하)는 간판이 걸려 있다.

필수 암기 구절

■ 장소 + 挂着 + 목적어 : [장소]에 [목적어]가 걸려 있다

예) 树枝上挂着一层霜。 나뭇가지 위에 서리가 한 층 쌓여 있다.

把手上挂着一个塑料袋。 손잡이에 비닐봉지가 걸려 있다.

卧室的墙上挂着结婚照。 침실 벽에 결혼사진이 걸려 있다.

97. 罚站　弟弟　老师　被　了　又

벌서다 / 동생은 / 선생님 / ~에게 / ~당하다 / 조사 / 또

被자 문형(주어 + 被 + 행위자 + 동사 + 기타성분 : 주어가 행위자에게 ~당하다)에 적용시킨다.
– 弟弟　被　老师　罚站　了

관형어와 부사어의 위치를 찾아준다.
– 又　被
– 부사는 일반적으로 被 앞에 온다.

모범답안　弟弟又被老师罚站了。
남동생은 또 선생님께 서있는 벌을 받았다.

필수 암기 구절

- 주어 + 被 + 행위자 + 동사 + 기타성분 : [주어]가 [행위자]에게 ~당하다
  예) 露天舞台被人们团团包住。노천 무대는 사람들로 빽빽이 에워싸였다.
  小偷被群众们团团围住。소매치기는 군중에게 빽빽이 에워싸였다.

- 被자 뒤의 행위자는 생략될 수 있다
  예) 自行车被借走了。자전거는 (누군가에 의해) 빌려졌다. = (누군가가) 자전거를 빌려갔다.
  铅笔盒被拿走了。연필통은 (누군가에 의해) 가져가졌다. = (누군가가) 연필통을 가져갔다.

98. 哥哥　最近　他　工作　找　正忙于

오빠(형) / 최근 / 그의 / 업무(일) / 찾다 / 마침 ～하느라 바쁘다

1 단계 …… 正忙于 + 동사 (마침 [동사]하느라 바쁘다) 문형에 적용시킨다.

－ 正忙于　找

2 단계 …… 주어/술어/목적어를 찾는다.

주 어　술 어　목적어

－ 他哥哥　找　工作

－ 시간명사 最近은 주어 앞, 뒤에 다 올 수 있다.

－ 중국인들은 일반적으로 找他工作 라고는 말하지 않는다.

[Tip] 哥哥最近正忙于找他工作。(×)

- -

모범답안 最近他哥哥正忙于找工作。

최근 그의 형은 마침 직업을 구하느라 바쁘다.

他哥哥最近正忙于找工作。

그의 형은 최근 마침 직업을 구하느라 바쁘다.

필수 암기 구절

■ 正忙于… : 마침 ～하느라 바쁘다

예) 他正忙于写毕业论文。 그는 마침 졸업 논문을 쓰느라고 바쁘다.

他正忙于写实习报告。 그는 마침 실습 보고서를 쓰느라고 바쁘다.

我正忙于准备研究生考试。 그는 마침 대학원 입학시험을 준비하느라고 바쁘다.

99 约好   附近   看电影   经常   容易

약속하다 / 부근 / 영화보다 / 자주 / 쉽다

문장연습 단어를 이용해 문장을 만들어 보세요.

1. 我已经跟朋友约好了明天一起去看歌剧。
   나는 이미 친구와 내일 함께 뮤지컬 보러 가기로 약속했다.

2. 这附近连一个银行都没有，真是太不方便了。
   이 근처에는 은행이 하나도 없어서, 정말 너무 불편하다.

3. 你的钱包这么放很容易丢，快收起来。
   (너의) 지갑을 이렇게 놓아두면 잃어버리기 쉬우니 어서 챙겨라.

4. 我经常跟姐姐一起去看电影，我觉得跟姐姐在一起玩好处很多，一是不用我花钱，二是我想吃什么就可以尽情地吃。
   나는 언니와 함께 자주 영화 보러 가는데, 언니랑 함께 놀면 좋은 점이 많다고 생각한다. 첫째는 내가 돈 쓸 필요가 없고, 둘째는 먹고 싶은 것이 있으면 맘껏 먹을 수 있다는 것이다.

5. 我们几个小学同学今天好不容易聚在了一起，我们在约好的地方见面以后，在学校附近的饭店一起吃了午饭。
   우리 초등학교 때 학우 몇 명이 오늘 가까스로 함께 한자리에 모였다. 우리는 약속 장소에서 만난 후 학교 근처의 식당에서 함께 점심을 먹었다.

개요짜기 주어진 단어를 이용해 개요를 만들어 보세요.

서론 집 부근에서 친구와 만나기로 약속 → 约好, 附近
본론 함께 영화를 보다 → 看电影
결론 모두 바빠 자주 못 만난다 → 经常, 容易

今天是星期天，我跟朋友约好在我家附近的咖啡店见面，我们打算先在咖啡店聊一会儿天儿，然后去吃午饭，下午一起去看电影。我们几个好朋友不能经常见面，因为我们都是大忙人，想聚在一起挺不容易的。

단어

约好 yuēhǎo 동 약속했다 | 附近 fùjìn 명 부근, 근처 | 打算 dǎsuan 동 ~할 생각이다, ~하려고 하다, 계획하다 | 聊天 liáotiān 이합 잡담, 한담, 채팅 | 午饭 wǔfàn 명 점심 | 电影 diànyǐng 명 영화 | 好朋友 hǎopéngyou 명 친한 친구 | 经常 jīngcháng 부 항상, 자주, 종종 | 因为 yīnwèi 접 왜냐하면 | 大忙人 dàmángrén 늘 일이 많고 바쁜 사람 | 聚在一起 jùzàiyìqǐ 함께 모이다 | 挺 tǐng 꽤, 매우 | 容易 róngyì 형 ~하기 쉽다, ~하기 일쑤다

해석

오늘은 일요일이다. 나는 친구와 우리 집 근처의 커피숍에서 만나기로 약속했다. 우리는 커피숍에서 수다를 좀 떤 후 점심을 먹고 나서 오후에 함께 영화를 보러 갈 계획이다. 우리 친한 친구 몇 명은 자주 만날 수가 없다. 모두 매우 바쁜 사람들이기 때문에 함께 모이고 싶어도 그리 쉽지가 않다.

100.

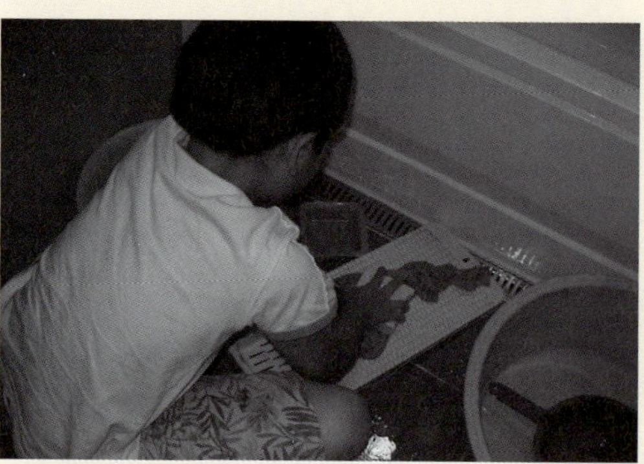

문장연습 (빨래하는 모습)

1. 我家的洗衣机出故障了，所以我不得不手洗。
   우리 집 세탁기가 고장이 나서 나는 부득이하게 손으로 빨 수밖에 없었다.

2. 每个周末我都帮妈妈洗衣服，我虽然是个独生女，但是妈妈从来不娇惯我。
   주말마다 나는 엄마를 도와 세탁을 한다. 나는 비록 외동딸이지만 엄마는 지금까지 나를 오냐오냐하며 키우지 않으셨다.

3. 今天是我18岁生日，我决心从今天起自己的事情自己做，特别是我脱下来的脏衣服一定要自己洗。
   오늘은 나의 18번째 생일이다. 나는 오늘부터 자신의 일은 스스로 하기로 결심했다. 특히 내가 벗어 놓은 더러운 옷은 반드시 스스로 빨아야겠다.

개요짜기 사진 속 상황을 보고 개요를 만들어 보세요.

서론 나는 집안일을 거의 하지 않고 엄마가 하신다

본론 선생님께서 엄마를 도와 집안일 하는 것을 숙제로 내주심

결론 세탁하려는데 세탁기가 고장난 것을 발견함

我在家很少干家务活，洗衣服，做饭，打扫卫生等都是妈妈一个人干。今天老师给我们留了一个作业，就是帮助妈妈做家务，所以我一回到家，就把家里的脏衣服都拿出来，准备洗，可我发现家里的洗衣机坏了。我只好用手洗。

단어

干 gàn 통 일을 하다 ｜ 家务活 jiāwùhuó 명 집안일 ｜ 洗衣服 xǐyīfu 옷을 세탁하다 ｜ 做饭 zuòfàn 통 밥을 하다 ｜ 打扫 dǎsǎo 통 청소하다 ｜ 卫生 wèishēng 위생(적이다) ｜ 留作业 liúzuòyè 숙제를 내주다 ｜ 帮助 bāngzhù 통 돕다, 원조하다, 보좌하다 ｜ 回家 huíjiā 통 집으로 돌아가다, 귀가하다 ｜ 脏 zāng 형 더럽다, 불결하다, 지저분하다

해석

나는 집에서 집안일을 거의 하지 않는다. 세탁과 식사 준비 및 청소 등은 모두 엄마 혼자서 하신다. 오늘 선생님께서 우리에게 숙제를 내주셨는데 바로 엄마를 도와 집안일을 하는 것이었다. 그래서 나는 집에 돌아오자마자 집안의 더러운 옷을 모두 꺼내어 세탁을 하려고 했으나, 우리집 세탁기가 고장 난 것을 발견하였다. 나는 어쩔 수 없이 손으로 빨았다.

문제

91. 勾起　对过去的　这件事　了　他　回忆

~을 불러일으키다 / 과거에 대한 / 이 일 / 조사 / 그 / 기억(추억)

해설

1단계 ······ 주어/술어/목적어 구조를 만든다.

　　　　주 어　　술 어　목 적 어
　－ 这件事　勾起了　回忆

2단계 ······ 함께 쓸 수 있는 단어들을 묶는다.

　－ [他 对过去的 回忆]

　－ 술어 勾起는 '~이 (~의) 생각·병·기억 등을 불러일으키다'의 의미이므로 他对过去的回忆가 목적어가 된다.

- -

모범답안 这件事勾起了他对过去的回忆。

이 일은 그에게 과거에 대한 회상을 불러일으켰다.

필수 암기 구절

■ 勾起··· : (생각·병·기억 등을) 불러일으키다, 상기시키다

예) 勾起病来了。병나게 하다.

一句话勾起了她的伤心回忆。한 마디 말이 그녀의 아픈 기억을 떠오르게 했다.

那支歌曲的调子勾起了乡愁。저 노랫가락은 향수를 자아내게 한다.

抒情的诗句勾起了他对故乡的回忆。

서정적인 시구는 그에게 고향에 대한 추억을 불러일으켰다.

92. 生气　了　今天　他　惹　妈妈　又

화나다 / 어기조사 / 오늘 / 그 / 야기하다 / 엄마 / 또

 **1단계** ⋯⋯ 함께 쓸 수 있는 단어들을 묶어 본다.

– [妈妈 生气], [又…了]

– 동작의 중복을 나타내는 又는 일반적으로 了와 결합한다.

 **2단계** ⋯⋯ 주어/술어/목적어 구조를 만든다.

주어　술어　목적어
– 他　惹　妈妈生气

– 妈妈生气는 주술구(주어+술어)로서 惹의 목적어가 된다.

– 又는 부사이므로 동사 앞에 온다. → 又 惹

모범답안 今天他又惹妈妈生气了。
오늘 그는 또 엄마를 화나게 했다.

他今天又惹妈妈生气了。
그는 오늘 또 엄마를 화나게 했다.

필수 암기 구절

▪ 惹…生气 : ～를 화나게 하다

예) 他老在上课时出洋相，惹老师生气。 그는 언제나 수업할 때 장난스러운 모습을 지어 선생님의 화를 돋운다.

93.　录取　他　了　被　那所　名牌大学

뽑다 / 그 / 조사 / ~에 의해 / 그 / 명문대학

해설

1단계 ······ 被자문 구조(주어 + 被 + 목적어 + 술어)를 만든다.
－ 他　被　名牌大学　录取

2단계 ······ 함께 쓸 수 있는 단어들을 묶어 본다.
－ [那所　名牌大学]
－ 여기에서 所는 학교를 셀 때 쓰는 양사이다.

모범답안　他被那所名牌大学录取了。
그는 명문대학에 뽑혔다.

필수 암기 구절

■ [사람] + 被 + [학교] 录取了 : [사람]이 [학교]에 뽑히다

예) 我们班小李被北京大学录取了。우리반 小李는 북경대학에 뽑혔다.
我哥哥被首尔大学录取了。우리 형은 서울대학에 뽑혔다.
小王被师范大学录取了。小王은 사범대학에 뽑혔다.

94. 结婚　找不到　我　不　理想的对象　就

결혼하다 / 찾을 수 없다 / 나 / 아니다 / 이상적인 상대 / 곧

해설

함께 사용할 수 있는 단어를 묶는다.

− [找不到 理想的对象], [不 结婚]

조건을 나타내는 가정문의 복문 : 문장의 접속사가 생략된 경우 부사를 찾아 연결한다.

− …就～ : ～하면 ～하다

모범답안 找不到理想的对象我就不结婚。

이상적인 상대를 찾을 수 없다면 나는 결혼하지 않겠다.

필수 암기 구절

■ 找不到…就不… : ～를 찾지 못하면 ～하지 않겠다

예) 找不到满意的就不买。마음에 드는 것을 찾지 못하면 사지 않겠다.

找不到合适的房子就不搬家。적합한 집을 찾지 못하면 이사하지 않겠다.

找不到理想的男朋友就不谈恋爱了。이상적인 남자친구를 찾지 못하면 연애하지 않겠다.

95. 的 人 遵守 最讨厌 时间 我 不

~의 / 사람 / 준수하다 / 제일 싫다 / 시간 / 나 / 아니다

 함께 쓸 수 있는 단어들을 묶어 본다.
- [不 遵守], [遵守 时间], [不 遵守 时间], [不 遵守 时间 的 人]

 주어/술어/목적어 구조를 만든다.

　　주어　술어　목적어
- 我　最讨厌　人

 **我最讨厌不遵守时间的人。**
나는 시간을 지키지 않는 사람을 가장 싫어한다.

필수 암기 구절

- 讨厌 …的人 : ~한 사람을 싫어한다
  예) 我很讨厌那种爱在背后说别人不是的人。나는 뒤에서 다른 사람의 잘못을 말하기 좋아하는 사람을 싫어한다.
  我很讨厌不守信的人。나는 신용을 지키지 않는 사람을 싫어한다.
  我很讨厌没有良心的人。나는 양심 없는 사람을 싫어한다.
- 遵守时间 : 시간을 준수하다
  예) 严格遵守时间。시간을 또박또박 지키다.

96. 令我佩服　分析　对问题　他　的　很

나로 하여금 탄복하게 하다 / 분석(하다) / 문제에 대해 / 그 / ~의 / 매우

 함께 쓸 수 있는 단어들을 묶어 본다.
 – [对问题 的 分析], [他 的 分析], [他 对问题 的 分析]

 주어/술어/목적어 구조를 만든다.
　　　　　주 어　　　　　　술 어
 – 他对问题的分析 令我佩服

 – 정도부사 很은 술어 앞에 온다. → 很 令我佩服

Tip　他很对问题的分析令我佩服。(×)

- -

 **他对问题的分析很令我佩服。**
문제에 대한 그의 분석은 나로 하여금 매우 탄복하게 한다.

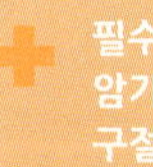 ■ …令我佩服 : ~이 나로 하여금 탄복하게 하다
　　예) 他的手艺令我佩服。 그의 손재주는 나를 탄복하게 한다.
　　　　他的人品令我佩服。 그의 인품은 나를 탄복하게 한다.
　　　　你对中国文化的热爱令我佩服。 너의 중국문화에 대한 뜨거운 사랑은 나를 탄복하게 한다.

97. 激烈　竞争　社会　的　现在　越来越

격렬하다 / 경쟁 / 사회 / ~의 / 지금 / 갈수록

해설

1단계 ······· 함께 쓰일 수 있는 단어들을 묶어 본다.
- [现在 的 社会], [越来越 激烈], [竞争 激烈]

2단계 ······· 주어/술어/목적어 구조를 만든다.

　　　　　주어　　　　술어
- 现在的社会　竞争激烈
- 주술구(竞争 激烈)가 문장에서 다시 술어가 되는 주술 술어문이다.
- 중국인들은 '현대사회'라는 의미로 '现代社会'를 사용하고 '现在社会' 라는 말은 사용하지 않는다. 따라서 '现在社会的竞争' 이라는 표현은 부정확하다.

Tip 现在社会的竞争越来越激烈。(×)

- -

모범답안 现在的社会竞争越来越激烈。
요즘의 사회는 경쟁이 갈수록 격렬해진다.

필수 암기 구절

■ 竞争激烈 경쟁이 매우 치열하다
　예) 世界杯比赛的竞争非常激烈。 월드컵 경기의 경쟁이 매우 치열하다.
　　　大学生就业的竞争很激烈。 대학생 취업 경쟁이 매우 치열하다.

98. 打电话　想　吃完饭　再　他　给　我
전화하다 / 생각하다 / 식사를 마치다 / 다시 / 그 / ～에게 / 나

1단계 ┈┈ 给…打电话 (～에게 전화를 하다) 문형에 적용시킨다.
- 我　给　他　打电话

2단계 ┈┈ 再의 위치를 찾는다.
- 再　给他　打电话
- 再는 동작이 연달아 발생함을 나타내므로 吃完饭과 호응한다.
- 吃完饭　再… 식사를 마친 후에 ～하다

Tip　我再想吃完饭给他打电话。(×)

- -

我想吃完饭再给他打电话。
나는 식사를 마치고 나서 그에게 전화하려고 한다.

他想吃完饭再给我打电话。
그는 식사를 마치고 나서 나에게 전화하려고 한다.

필수 암기 구절

- 吃完饭再… : 밥 먹고 나서 ～(하자)
  예) 吃完饭再玩吧。밥 먹고 나서 놀자.
- 给…打电话 : ～에게 전화하다
  예) 我给妈妈打电话。나는 엄마한테 전화한다.
  　　我给他打了几次电话。나는 그에게 여러 차례 전화했다.

99 早饭　饿　休息　便利店　有效期
아침식사 / 배고프다 / 쉬다 / 편의점 / 유효기간

해설

문장연습 단어를 이용해 문장을 만들어 보세요.

1. 我已经一天没吃饭了，都快饿死了。
   나는 하루 종일 밥을 먹지 않아 허기져 죽을 지경이다.

2. 我家楼下有两家便利店，其中一家是24小时营业。
   우리 집 아래층에는 편의점이 두 군데 있는데 그 중 한 집은 24시간 영업이다.

3. 这瓶药有效期已经过了快一个月了，根本不能吃了。
   이 병의 약은 유효기간이 거의 한 달이 지났으니, 절대 먹어서는 안 된다.

4. 今天我在便利店买了一盒糕点，回到家后，我发现有效期已经过了好几天了，幸亏我确认了一下。
   오늘 나는 편의점에서 케이크 한 상자를 샀다. 집에 돌아온 후 유효기간이 이미 며칠 지났다는 것을 발견하였다. 내가 확인한 게 다행이다.

5. 因为我不吃早饭，所以第一堂课课间休息的时候，肚子就开始特别饿，这时候我就吃从家带来的巧克力。
   나는 아침밥을 먹지 않았기 때문에 1교시 쉬는 시간에 유달리 배가 고프기 시작하였다. 이때 나는 집에서 가져온 초콜릿으로 허기를 달랬다.

개요짜기 주어진 단어를 이용해 개요를 만들어 보세요.

서론 아침을 먹지 않아 배고프다 → 早饭，饿
본론 쉬는 시간에 편의점에서 햄버거를 사다 → 休息，便利店
결론 유통기한이 지난 것을 발견 → 有效期

모범답안

今天我没吃早饭，所以还没到中午就觉得肚子饿了，课间休息时间我跑到便利店买了一个汉堡，等我跑回教室正要打开包装的时候，却发现汉堡包的有效期已经过了三天了，唉！只好再饿着肚子上课了。

단어

早饭 zǎofàn 뗑 아침밥, 조반 | 中午 zhōngwǔ 뗑 정오, 낮 12시 전후 | 肚子 dùzi 뗑 (사람이나 동물의) 복부 | 饿 è 뗑 배고프다 | 课间 kèjiān 뗑 수업과 수업 사이(의 짬) | 休息时间 xiūxi shíjiān 뗑 휴식시간 | 便利店 biànlìdiàn 뗑 편의점 | 汉堡 hànbǎo 뗑 햄버거 | 教室 jiàoshì 뗑 교실 | 打开包装 dǎkāi bāozhuāng 포장을 풀다 | 有效期 yǒuxiàoqī 뗑 (화학제품, 의약품 등의) 유효 기간 | 只好 zhǐhǎo 뤔 부득이, 할 수 없이

해석

오늘 나는 아침을 먹지 않았다. 그래서 아직 점심때가 되지 않았지만 배가 고팠다. 쉬는 시간에 나는 뛰어나가 편의점에서 햄버거 하나를 샀다. 교실로 돌아와 막 포장을 뜯으려고 했을 때 햄버거의 유효기간이 이미 3일이나 지난 것을 발견하였다. 에구! 할 수 없이 계속 허기진 채로 수업을 할 수 밖에 없었다.

100.

문장연습 (도서관에서 공부하는 모습)

1. 我平时不学习，考试前三天开夜车。
   나는 평소에 공부하지 않고 시험 3일 전에 밤샘한다.

2. 我很喜欢一个人学习，所以很少参加学习小组，当然大家一起学习好处很多，但
   我还是觉得自己一个人学能集中。
   나는 혼자 공부하기를 좋아한다. 그래서 스터디에 거의 참가하지 않는다. 물론 여럿이 함께 학습하는
   것의 장점은 많다. 그렇지만 그래도 나는 혼자 공부해야 집중할 수 있다고 생각한다.

3. 我今年大四，再过几个月就毕业了，为了就业，我现在必须取得汉语资格证书，
   所以我不得不拼命地学。
   나는 올해 대학 4학년으로 몇 개월 지나면 곧 졸업이다. 취업을 위해 나는 현재 반드시 중국어 자격증을
   따야한다. 그래서 나는 어쩔 수 없이 필사적으로 공부한다.

개요짜기 사진 속 상황을 보고 개요를 만들어 보세요.

서론 방과 후 도서관에서 공부

본론 도서관에서 공부하는 이유

결론 수업 후 배고프면 빵을 사 먹고 집에 돌아와 폭식

<table>
<tr><td></td><td></td><td>放</td><td>学</td><td>以</td><td>后</td><td>，</td><td></td><td>我</td><td>一</td><td>般</td><td>在</td><td>学</td><td>校</td><td>图</td><td>书</td><td>馆</td></tr>
<tr><td>学</td><td>习</td><td>，</td><td>很</td><td>少</td><td>直</td><td>接</td><td>回</td><td>家</td><td>，</td><td></td><td>因</td><td>为</td><td>我</td><td>在</td><td>家</td><td>总</td></tr>
<tr><td>是</td><td>不</td><td>能</td><td>集</td><td>中</td><td>学</td><td>习</td><td>，</td><td></td><td>不</td><td>是</td><td>看</td><td>电</td><td>视</td><td>，</td><td>就</td><td>是</td></tr>
<tr><td>看</td><td>漫</td><td>画</td><td>。</td><td>下</td><td>课</td><td>后</td><td>如</td><td>果</td><td>饿</td><td>了</td><td>，</td><td></td><td>我</td><td>就</td><td>买</td><td>个</td></tr>
<tr><td>面</td><td>包</td><td>随</td><td>便</td><td>吃</td><td>点</td><td>，</td><td></td><td>渴</td><td>了</td><td>就</td><td>买</td><td>杯</td><td>可</td><td>乐</td><td>喝</td><td>，</td></tr>
<tr><td>晚</td><td>上</td><td>回</td><td>家</td><td>后</td><td>我</td><td>才</td><td>会</td><td>大</td><td>吃</td><td>一</td><td>顿</td><td>。</td><td></td><td></td><td></td><td></td></tr>
</table>

단어

放学 fàngxué 圄 학교가 파하다, 수업을 마치다 | 一般 yìbān 图 일반적으로 | 直接 zhíjiē 图 직접 | 集中 jízhōng 图 집중하다 | 漫画 mànhuà 圄 만화 | 随便 suíbiàn 图 마음대로, 좋을 대로, 형편대로 | 渴 kě 图 목이 타다 | 可乐 kělè 圄 콜라 | 大吃 dàchī 圄 실컷 먹다, 진탕 먹다 | 一顿 yídùn 한 끼(식사) |

해석

방과 후에 나는 보통 학교 도서관에서 공부하며 거의 곧바로 집에 돌아가지 않는다. 왜냐하면 집에 있으면 늘 공부에 집중하지 못하고, TV를 보지 않으면 만화를 보기 때문이다. 수업을 마친 후 만약 배가 고프면 빵을 사서 대충 먹고 갈증이 나면 콜라를 사서 마신다. 저녁에 집에 돌아와서는 폭식을 한다.

문제

91. 出差　由　费用　承担　公司　的　这次

출장 / ~이(가) / 비용 / 부담하다(맡다) / 회사 / ~의 / 이번

해설

1단계 ······ 由 + 동작의 주체 + 动词 (~가 ~한다) 문형에 적용한다.

– 由 公司 承担

– 由는 동작의 주체를 나타낸다.

예) 这个问题由你处理。 이 문제는 네가 처리해라.

　　此事应由你办理。 이 일은 네가 처리해야 한다.

2단계 ······ 함께 쓸 수 있는 단어를 묶어본다.

– [出差 的 费用], [这次 出差], [这次 出差 的 费用]

- -

모범답안 这次出差的费用由公司承担。

이번 출장비용은 회사에서 부담한다.

＋ 필수 암기 구절

▪ 由 … 承担 : ~가 담당하다, 맡다

예) 一切费用由公司承担。 일체의 비용은 회사에서 부담한다.

92. 生气 了 他 我 看 有点儿

화내다 / 어기조사 / 그 / 나 / 보다 / 조금

 주어/술어/목적어 구조를 만든다.

주어　술어　목적어
- 我　看　他

 함께 쓸 수 있는 단어를 연결한다.
- [有点儿 生气], [他 有点儿 生气]
- 有点儿은 부사로 술어 앞에 놓이며 다소 불만스런 어기를 표현한다.

 我看他有点儿生气了。
내가 보기에 그는 조금 화났다.

필수
암기
구절

- 有点儿… : 좀(약간) ~하다 (불만스런 어기)
  예) 我觉得他有点儿不高兴。 내 생각에 그는 기분이 별로 안 좋은 것 같다.
  我看你有点儿不正常。 내가 보기에 너는 약간 정상이 아니다.

93.　丟三落四　这样　姐姐　的　总是

잘 빠뜨리다 / 이렇게 / 언니(누나) / (조사) / 늘

해설

 **1 단계**　……　주어/술어/목적어 구조를 만든다.

　　　　주어　　　술어
－ 姐姐　丟三落四

 **2 단계**　……　的용법 : 성어 형식의 낱말·중첩형식의 낱말에 붙어 상태를 나타낸다.

예) 花得干干净净的。깨끗이 써버리다.
　　现在兵荒马乱的。지금 세상이 어수선하다.

 **3 단계**　……　함께 사용할 수 있는 단어들을 묶는다.

－ [总是 这样], [总是 这样 丟三落四的]
－ 总是는 시간부사이므로 다른 부사어 앞에 온다.
－ 这样은 동사·형용사 술어를 수식하는 부사어로 쓰일 수 있다.

Tip　姐姐这样总是丟三落四的。(×)

- -

모범답안　姐姐总是这样丟三落四的。
언니는 늘 이렇게 잘 빠뜨린다.

 **필수 암기 구절**

■ 总是…的 : 늘(언제나) ~하다
예) 他的性子总是这么急躁的。그의 성격은 늘 이렇게 조급하다.

94. 热情　他　今天　一点儿也　不　对我

친절하다 / 그 / 오늘 / 조금도 / 아니다 / 나에게

해설

1단계 …… 함께 사용할 수 있는 단어를 묶는다.

- [一点儿也 不], [不 热情], [一点儿也 不 热情]
- 对는 전치사로서 목적어를 수반하여 술어를 수식한다. → 对 我 热情
- 一点儿也는 不와 호응하여 '조금도 ~하지 않다'라는 의미를 가진다.

  예) 她学习一点儿也不用心。 그녀는 공부에 조금도 신경쓰지 않는다.

2단계 …… 부사어의 위치 : 2개 이상의 부사어가 함께 있으면 일반적으로 시간부사어가 맨 앞에 온다.

- 今天 对我

- -

모범답안 他今天对我一点儿也不热情。
그는 오늘 나에게 조금도 친절하지 않다.

今天他对我一点儿也不热情。
오늘 그는 나에게 조금도 친절하지 않다.

필수 암기 구절

■ 一点儿也不… : 조금도 ~않다

　예) 他一点儿也不累。 그는 조금도 피곤하지 않다.

　　他干起工作来一点儿也不含糊。 그는 일을 시작하면 조금도 대충 하는 법이 없다.

■ 对…不热情 : ~에게 친절하지 않다

　예) 他对我很热情。 그는 나에게 매우 친절하다.

　　那家商店对客人不热情。 그 상점은 손님들에게 불친절하다.

[Tip] 다항 부사어의 순서

시간사/어기 및 관련사/동작자의 상황 묘사 단어/목적·의거·관계·협동 표시 단어/
장소·공간·방향·노선 표시 단어/대상표시 전치사/동작 묘사 단어

예) 我 已经 在学校 把作业 做完了。 시간 · 장소 · 대상

　他 竟然 把这么重要的事 给忘了。 어기 · 대상

　他 已经 能用汉语 跟中国人 交谈了。 시간 · 의거 · 협동

　我 以前 为了工作 求过他。 시간 · 목적

　他 从书包里 把书 拿了出来。 공간 · 대상

95. 美好的　留下　给　这次春游　了　我　回忆

아름다운 / 남기다 / ～에게 / 이번 봄 소풍 / 완료 / 나 / 회상(추억)

해설

 **1단계** …… 함께 쓸 수 있는 단어들을 묶어 본다.

– 给…留下 … (～에게 ～을 남기다) 문형에 적용시킨다.

– [给 我 留下 回忆]

– 전치사는 전치사목적어와 결합하고 관형어는 피수식어와 결합한다. → 给 我 / 美好的 回忆

 **2단계** …… 주어/술어/목적어 구조를 만든다.

　　　　주 어　　술 어　목적어
– 这次春游　留下　回忆

– 완료를 표시하는 동태조사 了는 술어 뒤에 둔다. → 留下 了

- -

 **모범답안**　这次春游给我留下了美好的回忆。

이번 봄 소풍은 나에게 아름다운 추억을 남겨주었다.

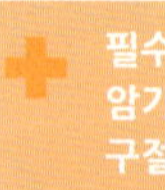 **필수 암기 구절**

- 给…留下 ～回忆 : ～에게 ～한 추억을 남기다.

　예) 这次旅行给我们留下了难忘的回忆。이번 여행은 우리에게 잊지 못할 추억을 남겼다.

- 美好的回忆 아름다운 추억

　예) 美好的回忆多久也忘不了。아름다운 추억은 얼마가 지났든 간에 잊을 수가 없다.

96. 放着　热乎乎的　咖啡　一杯　桌子上

놓여 있다 / 뜨겁다 / 커피 / 한 잔 / 책상 위

 **1단계** ······ 존현문 (장소 주어 + 술어 + 불특정 목적어) 문형에 적용시킨다.

- 桌子上 放着 一杯 咖啡

- 존현문의 목적어는 주로 불특정 단어이며 목적어 앞에 대개 수량사나 묘사성 관형어가 놓인다.

　예)窗户上挂着一个红气球。　창문에 빨간 풍선이 하나 걸려 있다.
　　　教室里排列着整齐的桌椅。　교실 안에 깔끔한 책걸상이 정렬되어 있다.

- 존재의 상태, 방식을 표시하는 동사가 지속의 의미를 가질 때 주로 동사 뒤에 着가 온다.

　예)眼里闪动着激动的泪花。　눈에 감격의 눈물이 반짝이고 있다.

2단계 ······ 다항 관형어의 순서 : 제한성 관형어 + 묘사성 관형어 즉, 수사 + 양사 + 형용사

- 一杯 热乎乎的

모범답안 桌子上放着一杯热乎乎的咖啡。
책상 위에 따끈따끈한 커피 한 잔이 놓여 있다.

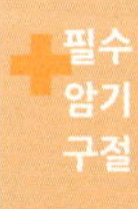 **필수 암기 구절**

- 다항 관형어의 순서 : 제한성 관형어 + 묘사성 관형어 즉, 수사 + 양사 + 형용사
　예) 教室里坐着一个胖乎乎的人。교실 안에 뚱뚱한 사람이 앉아 있다.
　예) 椅子上放着一本厚厚的词典。의자 위에 두꺼운 사전이 놓여 있다.

97. 相信　跟她　的　我　说　老王不会

믿다 / 그녀에게 / ~의 / 나 / 말하다 / 라오왕은 ~하지 않을 것이다

해설

1단계  함께 쓸 수 있는 단어들끼리 묶어본다.

- [跟她 说], [老王不会…的], [老王不会 相信 的]

- 跟 + 목적어 + 술어 : ~에게 [술어]하다, ~와 [술어]하다

  예) 她不想跟我见面。 그녀는 나와 만나고 싶어 하지 않는다.

  　　这份计划还需要跟老师商量商量。 이 계획은 그래도 선생님과 상의해야 한다.

- 会…的는 추측을 나타내며, 긍정의 어기를 표시한다. 부정은 不会…的

  예) 他已经说了要来，会来的。 그가 이미 온다고 말했으니 올 것이다.

2단계  주어/술어/목적어 구조를 만든다.

　　　주어　술어　　　목적어
- 我　说　老王不会相信的

- 说뒤에는 구나 문장이 목적어로 올 수 있다.

- 跟她는 전치사구 이므로 동사 앞에 온다.

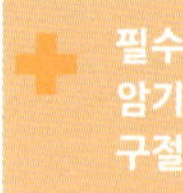 **我跟她说老王不会相信的。**
나는 그녀에게 老王이 믿지 않을 것이라고 말했다.

老王不会相信我跟她说的。
老王은 내가 그녀에게 말한 것을 믿지 않았을 것이다.

필수 암기 구절

- 会…的 : ~할 것이다

- 不会…的 : ~하지 않을 것이다

  예) 你不去，他会生气的。 네가 가지 않으면 그는 화낼 것이다.

  　　天上一点儿云也没有，不会下雨的。 하늘에 구름이 조금도 없으니 비는 내리지 않을 것이다.

98. 开心 很会 别人 他 逗

유쾌하다 / ~을 잘하다 / 다른 사람 / 그 / 웃음을 자아내다(웃기다)

 **1 단계** ······ 逗 + 대상 + 开心 (~를 즐겁게 하다) 문형에 적용시킨다.

　－ 逗 别人 开心

 **2 단계** ······ 함께 쓸 수 있는 단어들을 묶는다.

　－ [很会 逗]

　－ 부사 + 조동사 는 동사 앞에 온다.

　예) 他很会说话。 그는 말을 잘한다.(언변이 좋다)

- -

모범답안　他很会逗别人开心。

그는 다른 사람을 즐겁게 하는데 능하다.

필수 암기 구절

■ 逗…开心 : ~를 즐겁게(유쾌하게) 하다

　예) 他逗大家开心。 그는 모두를 유쾌하게 했다.

　　　孩子经常逗父母开心。 아이는 자주 부모를 유쾌하게 한다.

　　　他很会逗女朋友开心。 그는 여자친구를 즐겁게 하는데 능하다.

99 放学　钱包　吓一跳　教室　桌子

학교가 파하다 / 지갑 / 깜짝 놀라다 / 교실 / 책상

문장연습 단어를 이용해 문장을 만들어 보세요.

1. 我今天钱包里一分钱都没有，哪儿都去不了了。
   나는 오늘 지갑에 돈이 한 푼도 없어서 어디도 갈 수가 없었다.

2. 我一看我的成绩单，吓了一跳，没想到考得这么糟。
   나는 나의 성적표를 보고 깜짝 놀랐다. 시험을 이렇게 엉망으로 봤을 줄은 생각도 못했다.

3. 门右边的第三张桌子就是小王的，最里边的是我的。
   문 오른쪽 세 번째 책상이 바로 小王 왕의 것이고, 가장 안쪽의 것이 내 것이다.

4. 今天我走进教室的时候，发现我的桌子上放着一个钱包，我吓了一跳，急忙把钱
   包交给了老师，原来钱包是我同桌的。
   오늘 내가 교실로 들어갔을 때 나의 책상 위에 지갑 하나가 놓여 있는 것을 발견하였다. 난 깜짝 놀라
   급히 지갑을 선생님께 드렸는데, 알고 보니 지갑은 내 짝의 것이었다.

5. 我们一般下午三点放学，可是因为今天是母亲节，老师让我们早一点回家，一回
   到家，妈妈吓了一跳，以为我又逃学了。
   우리는 보통 오후 3시에 수업을 마치는데 오늘이 어머니날(어버이날)이기 때문에 선생님께서 우리를 좀
   일찍 보내주셨다. 집에 돌아오니 내가 또 수업을 빼먹은 줄 아시고 어머니께서는 깜짝 놀라셨다.

개요짜기 주어진 단어를 이용해 개요를 만들어 보세요.

서론 방과 후 지갑이 없어진 것을 발견하고 놀람 → 放学，钱包，吓一跳
본론 생각해 보니 교실에서 떨어뜨림 → 教室
결론 교실 책상 밑에서 발견 → 桌子

		昨	天	我	在	放	学	回	家	的	路	上	，		突	然
发	现	钱	包	不	见	了	，		真	是	吓	了	一	跳	。	想
了	想	，		除	了	学	校	，		我	没	去	别	的	地	方	，
肯	定	是	丢	在	教	室	里	了	。		我	急	忙	跑	回	学
校	，		进	教	室	一	看	，		发	现	钱	包	在	桌	子	底
下		"	躺	着	"		呢	。								

突然 tūrán 🖳 갑자기, 난데없이 | 除了 chúle 🖳 ~을 제외하고(는) | 丢在… diūzài ~에 흘리다 | 底下 dǐxia 🖳 아래, 밑 | 躺着 tǎngzhe (드러)누워 있다

어제 내가 수업을 마치고 집으로 돌아가는 길에 갑자기 지갑이 없어진 것을 발견하고는 정말 깜짝 놀랐다. 잠시 생각해보니, 학교 외에 다른 곳은 가지 않았으니 분명히 교실 안에 떨어뜨린 것이다. 내가 황급히 학교로 돌아가 교실에 들어가 보니, 지갑이 책상 밑에 누워있었다.

100.

해설

문장연습 (여자가 쇼핑을 하는 모습)

1. 我喜欢晚上去明洞逛街，因为晚上街边有很多小吃。
   나는 저녁에 명동에 가 구경하는 것을 좋아한다. 왜냐하면 저녁 길가엔 많은 간식거리가 있기 때문이다.

2. 我很喜欢逛街，有钱的话买自己喜欢的东西是很开心的事，不过只是在街上逛来逛去的就足够让我开心的了。
   나는 아이쇼핑하는 것을 좋아한다. 물론 돈이 있어서 자신이 좋아하는 물건을 산다면 매우 기분 좋은 일이겠지만 단지 거리를 오가며 구경하는 것으로도 충분히 즐겁다.

3. 最近很忙，所以我比较少出门，特别是买东西，一般都在网上买，我觉得网上购物太方便了，连袜子都不用出去买。
   최근에 나는 매우 바빠서 비교적 외출이 적다. 특히 물건을 살 때는 일반적으로 인터넷에서 사는데, 나는 인터넷쇼핑이 매우 편리하다고 생각한다. 양말조차도 나가서 살 필요가 없다.

개요짜기 사진 속 상황을 보고 개요를 만들어 보세요.

서론 엄마는 나를 데리고 상점에 간다

본론 구경만 하고 빈손으로 오는 경우도 있다

결론 엄마는 눈요기만으로도 즐거워 하신다

		周	末	的	时	候	，	妈	妈	常	带	我	去	逛	商
店	，	妈	妈	很	喜	欢	购	物	，	每	次	去	百	货	商
店	的	时	候	，	妈	妈	都	兴	奋	得	不	得	了	。	其
实	，	有	的	时	候	逛	了	半	天	，	什	么	也	没	买，
空	着	手	回	家	，	可	是	妈	妈	觉	得	饱	饱	眼	福
也	挺	开	心	的	。										

단어 周末 zhōumò ⑲ 주말 ǀ 逛商店 guàng shāngdiàn 거리를 구경하다(아이쇼핑하다) ǀ 购物 gòuwù ⑧ 물품을 구입하다, 물건을 사다 ǀ 不得了 bùdeliǎo ⑱ (정도가) 심하다 ǀ 空手 kōngshǒu ⑧ 빈손이다, 맨주먹이다 ǀ 饱眼福 bǎoyǎnfú 실컷 눈요기하다 ǀ 开心 kāixīn ⑱ 기쁘다

해석 주말에 엄마는 자주 나를 데리고 상점에 가신다. 엄마는 물건 사는 것을 매우 좋아하시는데 매 번 백화점에 갈 때마다 굉장히 흥분하신다. 사실 어떤 때는 한참을 구경하고도 아무것도 사지 않고 빈손으로 돌아오기도 한다. 그러나 엄마는 실컷 눈요기하는 것만으로도 매우 즐겁다고 여기신다.

문제

91. 进站　火车　马上　了　就要

역으로 들어오다 / 기차 / 곧 / 조사 / 멀지 않아, 곧

해설

 **1단계** ⋯⋯⋯ 就要…了 (곧 ～하려 하다) 임박형 문형에 적용시킨다.

- 就要 进站 了

- 동작의 발생이 임박함을 표시하는 형식 要…了, 快要…了, 就要…了

예) 天就要黑了，抓紧时间干吧。 날이 저물어가니 빨리 합시다.

快考试了，大家紧张地复习着。 시험 때가 다가오니 모두는 긴장하며 공부한다.

 **2단계** ⋯⋯⋯ 주어/술어/목적어 구조를 만든다.

　　　　주어　부사어　술어 목적어
- 火车　就要　进 站了

- 马上은 就要 앞에 온다. → 马上 就要

- -

모범답안 火车马上就要进站了。
기차는 곧 역으로 들어온다.

필수 암기 구절

■ 就要…了 : 곧 ～하려 하다
예) 上海就要到了。 상하이에 곧 도착한다.
再过两天就要开学了。 이틀만 더 지나면 개학한다.

92. 上当受骗　你　小心　千万　可　要

속다(속임수에 빠지다) / 너 / 조심하다 / 제발 / 강조 / ～해야 한다

 **1단계** ······ 주어/술어/목적어 구조를 만든다.

주어　술어　　목적어
- 你　小心　上当受骗

- 要는 조동사이므로 **동사 앞**에 온다. → 要 小心

 **2단계** ······ 함께 쓸 수 있는 단어를 묶어본다.

- [可 千万]

- 可는 어기부사로 다른 **부사 앞**에 온다.

- 일반적으로 부사는 조동사 앞에 온다. → 千万 要

모범답안 你可千万要小心上当受骗。
너는 부디 속임수에 주의해라(주의해야 한다).

 **필수 암기 구절**

- 上当受骗 : 속다, 속임수에 빠지다, 사기당하다
  예) 您又上当受骗了。 당신은 또 사기당했습니다.

- 千万要小心 : 부디 조심해야 한다
  예) 千万要小心感冒。 부디 감기 조심해야 한다.

93. 多少钱 今天 没 请客 我 花

얼마의 돈 / 오늘 / ~않다 / 손님을 초대하다(한턱내다) / 나 / 소비하다

함께 쓸 수 있는 단어들끼리 묶어 본다.
- [今天 请客], [花 多少钱]
- 花钱 돈을 쓰다

의미상 두 부분으로 나누어 남은 단어를 어울리는 자리에 놓는다.
- [今天 请客], [我 没 花 多少钱]

모범답안 今天请客我没花多少钱。
오늘 손님 초대에 나는 얼마 쓰지 않았다.

我今天请客没花多少钱。
나는 오늘 손님 초대에 돈을 얼마 쓰지 않았다.

필수 암기 구절

- 请客 : 손님을 초대하다, 한 턱 내다
  예) 请他的客。그를 손님으로 초대해라
      今天我请你的客。오늘 내가 네게 한 턱 내지.

- 没花多少钱 : 돈을 얼마 쓰지 않았다
  예) 他没花多少钱就把这些菜都准备好了。그는 돈을 얼마 쓰지 않고 이 요리들을 다 준비했다.

- 花了很多钱 : 많은 돈을 썼다
  예) 虽然他花了很多钱，但是结果不怎么样。
      비록 그는 많은 돈을 썼지만 결과는 별로 좋지 않았다.

94. 小气 别人 在 看来 很 他
인색하다 / 다른 사람 / ~에 / 보기에 / 매우 / 그

해설

1단계 ……… 在…看来 (~의 각도(입장)에서 보다) 문형에 적용한다.
- 在 别人 看来

2단계 ……… 주어/술어/목적어 구조를 만든다.
　　　주어　술어
- 他　小气

- 很은 부사이므로 술어 앞에 온다. → 很 小气

모범답안

在别人看来他很小气。
다른 사람이 보기에 그는 매우 인색하다(째째하다).

在他看来别人很小气。
그가 보기에 다른 사람은 매우 인색하다(째째하다).

필수 암기 구절

- 在…看来 : ~의 각도(입장)에서 보다
  예) 在我看来，那件事并不合算。 내가 보기에 그 일은 수지가 맞지 않는다.
  　　在我们看来，这个问题不好解决。 우리가 보기에 이 문제는 해결하기 어렵다.
  　　在老师看来，他是一个好学生。 선생님이 보시기에 그는 좋은 학생이다.

95. 动不动 开心 就 我 拿 他
걸핏하면 / 놀리다 / 곧 / 나 / ~을 / 그

1단계  ······ 拿…开心 (~을 놀리다) 문형에 적용시킨다.
- 拿 我 开心
- 拿는 전치사로 开心(혹은 开玩笑)과 연결되어 '~을 놀리다'의 형태로 많이 쓰인다.
   예) 别拿他开玩笑。 그를 놀리지 마시오.

2단계 ······ 함께 쓸 수 있는 단어들을 묶는다.
- [动不动 就]
- 动不动은 就와 결합하여 한 단어처럼 쓰인다. → [动不动 就]

 **他动不动就拿我开心。**
그는 걸핏하면 나를 놀린다.

我动不动就拿他开心。
나는 걸핏하면 그를 놀린다.

필수 암기 구절
- 拿…开心 : ~를 놀리다
   예) 别拿我开心。 나를 놀리지 마시오.
- 动不动就 : 걸핏하면
   예) 动不动就发脾气。 걸핏하면 성깔을 부린다.
   他这两天有点不对头，动不动就发火。 그는 요즘 약간 이상해서, 걸핏하면 화를 낸다.

96.　一个神话　电视剧　这个　于　取材

신화 / 드라마 / 이것 / ~에서 / 제재를 고르다

해설

함께 쓸 수 있는 단어들을 묶는다.

– [取材 于]

– 于는 전치사로 보통 술어 뒤에 놓여 '~에(서)'의 뜻을 가진다. 시간을 나타내는 경우 외에 술어 앞에 쓰이는 경우는 매우 드물다.

예) 韩国位于北半球。 한국은 북반구에 위치한다.

他2009年毕业于北京大学。 그는 2009년에 북경대학을 졸업했다.

南京长江大桥于一九六八年建成。 남경의 장강대교는 1968년에 세웠다.

这个는 관형어로 주어 앞에 둔다.

– 这个 电视剧

– 这个는 지량사[지시사 + (수사) + 양사]로 명사 앞에 온다.

예) 这个孩子真聪明。 이 아이는 정말 총명하다.

Tip 这个电视剧于一个神话取材。 (×)

- -

 **这个电视剧取材于一个神话。**

이 드라마는 한 신화에서 제재를 취했다.

필수 암기 구절

■取材于… : ~에서 제재를 고르다

예) 这部影片取材于历史。 이 영화는 역사에서 제재를 골랐다.

本片取材于实事。 이 영화는 실화에서 소재를 취한 것이다.

97. 重要　这次的事　对　很　他　来说
중요하다 / 이번 일 / ~에 대해 / 매우 / 그 / 말하자면

 ⋯⋯ 对 + 사람/사물 + 来说 (~에 있어서, ~에 대해 말하자면) 문형에 적용시킨다.
- 对 他 来说

 ⋯⋯ 주어/술어/목적어 구조를 만든다.
- 这次的事 重要
- 정도부사 很은 술어 앞에 온다. → 很 重要

 这次的事对他来说很重要。
이번 일은 그에게 있어서 매우 중요하다.

필수 암기 구절

■ 对…来说 : ~에게 있어서, ~의 입장에서 보면
예) 有没有孩子，对我来说，太重要了。아이가 있고 없고는 나에게 있어서 매우 중요하다.
对她来说，蔬菜水果一天都短不了。그녀에게 야채와 과일은 하루라도 없어서는 안 된다.
这次机会对他们来说非常重要。이번 기회는 그들에게 있어서 매우 중요하다.
对你来说不重要的事对我来说不一定不重要。
네게 중요하지 않은 일이 나에게 반드시 중요하지 않은 것은 아니다.

98. 考完　期末　总算　了　考试

시험이 끝났다 / 기말 / 드디어(마침내) / 조사 / 시험

해설

1단계 ······ 함께 쓸 수 있는 단어들을 묶어 본다.

– [期末 考试], [考完 了]

– 동작·행위의 완료를 나타내는 了는 결과보어 뒤에 둔다.

예) 吃饱了 / 救活了 / 书买到了

2단계 ······ 总算은 부사로 술어동사 앞에 둔다. → 总算 考完

- -

모범답안　期末考试总算考完了。

기말고사가 드디어 끝났다.

필수 암기 구절

■ 总算…了 : 마침내 ~했다

예) 下了几天，大雨总算停了。며칠 동안 내리더니, 호우가 마침내 멎었다.

这本长篇小说总算看完了。이 장편소설을 마침내 다 봤다.

写了两个小时，总算把作业写完了。두 시간동안 써서 마침내 숙제를 다 했다.

99 饭馆　外面　高兴　商量　自助餐

식당 / 바깥 / 기쁘다 / 상의하다, 의논하다 / 뷔페

해설

문장연습 단어를 이용해 문장을 만들어 보세요.

1. 周末我们宿舍的几个同学经常下饭馆，改善生活。
   주말에 우리 기숙사에 사는 학우 몇 명은 자주 외식하러 감으로써 생활을 개선한다.

2. 我做什么事情之前都会跟妈妈商量。
   나는 어떤 일을 하기 전에 모두 엄마와 상의할 것이다.

3. 这是一家高档的自助餐厅，一人份是250元。
   이곳은 고급 뷔페식당으로 1인당 250위엔이다.

4. 周末的时候，我跟朋友们一起去吃自助餐了，这家餐厅刚刚开业，所以菜很新
   鲜，味道也不错，大家吃得也很高兴。
   주말에 나는 친구들과 함께 뷔페에 가 식사했다. 그 식당은 막 개업한 곳인데 음식이 매우 신선하고 맛
   도 좋아 친구들도 매우 즐겁게 식사했다.

5. 今天我跟同屋打算去外面吃饭，我们宿舍附近有很多饭馆，我们商量去哪家吃，
   商量来商量去，最后决定还是在家叫外卖。
   오늘 나는 룸메이트랑 밖에 나가 식사하기로 했다. 우리 기숙사 부근에는 식딩이 많이 있어서 우리는
   어느 집 가서 먹을지 상의했다. 한참 의논하다가 결국 집에서 시켜 먹기로 결정했다.

개요짜기 주어진 단어를 이용해 개요를 만들어 보세요.

서론 온 가족이 외식하다 → 饭馆
본론 오랜만의 외식이라 기쁘다 → 外面, 高兴
결론 무엇을 먹을까 상의 → 商量, 自助餐

		昨	天	我	们	全	家	去	饭	馆	吃	了	一	顿	大
餐	，	我	们	家	人	很	久	没	在	外	面	吃	饭	了	，
所	以	我	和	弟	弟	都	很	高	兴	。	出	去	之	前	我
们	商	量	吃	什	么	，		爸	爸	和	妈	妈	说	要	吃	自
助	餐	，		而	我	和	弟	弟	要	吃	比	萨	饼	，		最	后
还	是	按	妈	妈	爸	爸	的	想	法	去	吃	了	自	助	餐	。

단어

下饭馆 xià fànguǎn 외식하다 ｜ 商量 shāngliang 통 (주로 말로 일반적인 문제를) 상의하다, 의논하다 ｜ 自助餐 zìzhùcān 명 셀프서비스식의 식사, 뷔페, 카페테리아 ｜ 比萨饼 bǐsàbǐng 명 피자 ｜ 按 àn 전 ~에 의거하여, ~에 따라서

해석

어제 우리 온 가족은 외식하러 가서 아주 푸짐하게 먹었다. 우리 가족은 오랫동안 외식을 하지 않아서, 나와 동생은 모두 기분이 좋았다. 나가기 전에 우리는 무엇을 먹을지 상의했는데 아빠 엄마는 뷔페를 먹자고 말씀하셨고 나와 동생은 피자를 먹자고 했다. 결국 엄마 아빠의 뜻에 따라 뷔페를 먹었다.

100.

문장연습 (리본이 묶인 선물상자)

1. 我的朋友要回中国了，我应该买一件最实用的礼物送给他。
   나의 친구가 중국으로 돌아가려 하니 나는 가장 실용적인 선물을 사서 그에게 선물해야 한다.

2. 这个月是我支出最大的一个月，因为我有一个朋友要在这个月结婚，还有两个朋友要过生日，结婚要随礼，过生日也要送礼物，可是最头疼的却是送什么礼物。
   이번 달은 나의 지출이 가장 큰 달이다. 왜냐하면 친구 한 명이 이 번 달에 결혼하고 또 두 명의 친구가 생일이 있기 때문이다. 결혼에는 선물이 따르고, 생일에도 선물을 해야 한다. 그러나 가장 골칫거리는 어떤 선물을 하느냐이다.

3. 今年我过生日的时候，爸爸送给了我一个特殊的礼物，一个存折，里面存了一些钱，我知道爸爸的用意，我应该从现在开始学会理财。
   올해 나의 생일 때 아빠께서 특별한 선물, 예금통장을 주셨는데 안에는 약간의 돈이 예금되어 있었다. 나는 아빠의 뜻을 알았다. 마땅히 지금부터 재정 관리를 배워야 한다는 것이다.

개요짜기 사진 속 상황을 보고 개요를 만들어 보세요.

서론 생일날 많은 선물을 받다

본론 제일 좋은 선물은 짝이 준 것

결론 그 선물을 좋아하는 이유

		昨	天	是	我	的	生	日	，		就	像	往	年	一	样，
我	收	到	了	很	多	礼	物	。		其	中	有	一	件	我	最
喜	欢	的	礼	物	，		是	我	同	桌	送	给	我	的	一	个
发	卡	和	一	封	信	，		这	是	所	有	礼	物	中	最	有
意	义	的	，		因	为	信	里	写	的	内	容	让	我	感	动
了	好	久	。													

단어 像…一样 xiàng…yíyàng ～와 같다 | 同桌 tóngzhuō 짝, 짝꿍 | 发卡 fàqiǎ 머리핀, 헤어핀 | 封 fēng 통, 꾸러미 예) 三封信 편지 세 통 | 感动 gǎndòng 감동하다, 감동되다, 감격하다 | 好久 hǎojiǔ (시간이) 오래다

해석 어제는 내 생일이었는데 예전처럼 많은 선물을 받았다. 그 중에서 내가 가장 좋아한 선물은 내 짝꿍이 준 머리핀과 편지 한 통이다. 이것은 모든 선물 중에서 가장 의미 있는 것인데, 왜냐하면 편지속의 내용이 나를 오랫동안 감동 시켰기 때문이다.

문제

91. 错误　承认　就要　犯了　敢于　错误

잘못 / 인정하다 / 곧 / 범하다 / 용감하게 ~하다 / 잘못

해설

1단계 ······ 주어/술어/목적어 구조를 만든다.

술어　목적어　술어　목적어

– 犯了　错误 / 承认　错误

– 논리적으로 봤을때 잘못을 범하고 그 다음 잘못을 인정하는 것이므로 犯错误가 承认错误보다 먼저 와야 한다.

2단계 ······ 함께 쓸 수 있는 단어들을 묶어 본다.

– [犯了　错误], [就要　承认　错误]

– 就要는 부사이므로 주어 뒤 술어 앞에 온다.

– 敢于 뒤에는 일반적으로 이음절 동사가 온다.

모범답안 犯了错误就要敢于承认错误。

잘못을 범하면 바로 용감하게 잘못을 인정해야 한다.

필수 암기 구절

- 犯错误 : 잘못을 저지르다
- 承认错误 : 잘못을 인정하다

　　예) 每个人都会犯错误。 사람은 모두 잘못을 저지를 수 있다.

　　　　犯错后应该承认错误。 잘못을 저지른 후에는 마땅히 잘못을 인정해야 한다.

문제

92.　知道　愿意　他　不　让妈妈　这件事

알다 / 원하다 / 그 / 아니다 / 엄마로 하여금 ~하게 하다 / 이 일

해설

　让 겸어문 구조(주어 + 让 + 대상(목적어) + 동사)를 만든다.
　　　－ 他 让妈妈 知道 这件事

　부사어의 위치를 정한다.
　　　－ 不 愿意 让妈妈
　　　－ 愿意는 조동사이므로 让 앞에 오며, 부정부사 不는 愿意 앞에 온다.

모범답안　他不愿意让妈妈知道这件事。
그는 엄마가 이 일을 알게 되길 원치 않는다.

필수 암기 구절

- 知道…事 : ~일을 알다
- 不愿意让…知道 : ~가 알게 되는 것을 원치 않다
  예) 丈夫不愿意让妻子知道他身体不舒服。
  남편은 자신이 아프다는 것을 아내가 알게 되는 것을 원치 않는다.

  儿子不愿意让父母知道他的失败。
  아들은 자신의 실패를 부모님이 알게 되시는 것을 원치 않는다.

  爸爸不愿意让孩子们知道他失业了。
  아빠는 자신이 직업을 잃은 것을 아이들이 알게 되는 것을 원치 않는다.

93. 瞞着我　弟弟　肯定　最近　有什么事

나를 속이다 / 남동생 / 틀림없이 / 최근 / 무슨 일이 있다

해설

 有연동문 구조(주어 + 有 + 목적어 + 동사 + 목적어)를 만든다.
- 弟弟 有什么事 瞞着我

 부사어의 위치를 정해준다.
- 肯定 有什么事
- 부사 肯定은 동사 有 앞에 온다.

모범답안 **最近弟弟肯定有什么事瞞着我。**
최근 남동생은 틀림없이 나에게 숨기는 뭔가가 있다.

弟弟最近肯定有什么事瞞着我。
남동생은 최근에 틀림없이 나에게 숨기는 뭔가가 있다.

필수 암기 구절

- 有…事瞞着… : ~에게 숨기는 ~한 일이 있다
  예) 他好象有什么事瞞着我。 그는 내게 숨기는 뭔가가 있는 것 같다.
  我有心事瞞着爱人。 아내에게 숨기는 걱정거리가 있다.
  怕父母担心，所以有些事会瞞着他们。 부모님이 걱정하실까봐 어떤 일들은 숨기곤 한다.

94. 睡好觉　了　已经　三天　我　没

잠을 잘 자다 / 조사 / 이미 / 삼일 / 나 / 없다

해설

1단계 ······ 주어/술어/목적어 구조를 만든다.

주어　술어　목적어
- 我　没睡　好觉
- 没는 동사 앞에 온다.

2단계 ······ 함께 쓸 수 있는 단어들을 묶어 본다.

- [已经…了]
- 已经은 부사로 동사 앞, 부정부사 没 앞에 온다.
- 이때 了는 수량이 그 정도에 이르렀음을 나타내는 어기조사이므로 문장 맨 끝에 온다.

- -

모범답안 我已经三天没睡好觉了。

나는 이미 삼일동안 잠을 잘 자지 못했다.

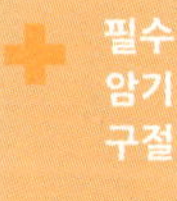

필수 암기 구절

- 已经…天没…了 : 이미 ~일 동안 ~하지 못하다

  예) 已经三天没吃饭了。이미 3일 동안 밥을 먹지 못했다.

  已经三天没回家了。이미 3일 동안 집에 돌아가지 못했다.

95. 专家　电脑　方面　在　他　是

전문가 / 컴퓨터 / 방면 / ~에 / 그 / ~이다

 **1단계** ······ 주어/술어/목적어 구조를 만든다.

주어　술어　목적어
- 他　是　专家

 **2단계** ······ 함께 쓸 수 있는 단어들을 묶어 본다.

- [在 电脑 方面]

- 在…方面은 전치사구이므로 동사 是 앞에 온다.

모범답안　他在电脑方面是专家。

그는 컴퓨터 방면에 전문가이다.

필수 암기 구절

■ 在…方面是专家 : ~방면에 전문가이다

예) 他在电影方面是专家。 그는 영화 방면에 전문가이다.

我在炒股方面是专家。 그는 주식투자 방면에 전문가이다.

小李在恋爱方面是高手。 小李는 연애 방면에 고수이다.

96. 这个　比　可　我的房间　房间　暖和多了

이것 / ～보다 / 정말 / 나의 방 / 방 / 많이 따뜻하다

해설

1단계 ······ 比비교문 문형에 적용시킨다.
　　　　－ 这个房间 比 我的房间 暖和多了

2단계 ······ 관형어, 부사어의 위치를 찾아준다.
　　　　－ 可 比
　　　　－ 可는 부사이므로 전치사 比 앞에 온다.
　　Tip　这个房间比我的房间可暖和多了。(×)

모범답안　这个房间可比我的房间暖和多了。
이 방이 내 방보다 많이 따뜻하다.

필수 암기 구절

■A 比 B…多了 : A 는 B 보다 많이 ～하다
　예) 今天比昨天暖和多了。오늘은 어제보다 많이 따뜻하다.
　　　今年比去年充实多了。올해는 작년보다 많이 충실하다.
　　　这件衣服比我想象的要贵多了。이 옷은 내가 상상한 것보다 훨씬 많이 비싸다.

97. 老师　小王　他的名字　不记得　以为　了

선생님 / 샤오왕(인명) / 그의 이름 / 기억하지 못하다 / ~라고 여기다 / 조사

해설

1단계 ······ 주어/술어/목적어 구조를 만든다.

　　　주　어　　술　어　　목 적 어
－ 老师　不记得　他的名字

2단계 ······ 함께 쓸 수 있는 단어들을 묶어 본다.

－ [以为 老师不记得他的名字了]

－ 以为는 주로 추측한 결과가 사실과 일치하지 않는 경우에 쓴다.

모범답안 小王以为老师不记得他的名字了。
시아오 왕은 선생님이 그의 이름을 기억하지 못할 거라 생각했다.

老师以为小王不记得他的名字了。
선생님은 시아오 왕이 그의 이름을 기억하지 못할 거라 생각했다.

필수 암기 구절

■ 不记得…了 : ~를 기억하지 못하다
예) 我不记得他的生日了。나는 그의 생일을 기억하지 못한다.
她以为丈夫不记得她的生日了。그녀는 남편이 그녀의 생일을 기억하지 못 한다고 여겼다.
我不记得昨天都发生什么事儿了。나는 어제 무슨 일들이 있었는지 기억하지 못한다.

98. 了 毕业 大学 我 快 五年

조사 / 졸업하다 / 대학 / 나 / 곧 / 5년

해설

1단계 ······ 함께 쓸 수 있는 단어들을 묶어 본다.

- [大学 毕业], [快…了], [快 五年 了]
- '快 … 了' 임박형 : 곧 ~ 할 것이다.

2단계 ······ 주어/술어/목적어 구조를 만든다.

- 我 大学毕业
- 毕业는 '동사+목적어'로 구성된 이합사이므로 뒤에 또 다른 목적어를 동반할 수 없다.

Tip 毕业大学 (×)

모범답안 我大学毕业快五年了。
내가 대학을 졸업한지 곧 5년이 된다.

필수 암기 구절

- 快 + 시간 + 了 : 곧 ~이 되어간다
  예) 我们俩结婚快三年了。 우리 둘이 결혼한 지 곧 3년이 된다.
  他当老板快两年了。 그가 사장이 된지 곧 2년이 된다.

99 离　晚饭　散步　长椅　聊天

~에서 / 저녁밥 / 산책하다 / 벤치 / 이야기하다

문장연습 단어를 이용해 문장을 만들어 보세요.

1. 离开学还有一个星期，我想跟朋友去旅游。
   개학까지 일주일 남았다. 나는 친구들과 여행을 가고 싶다.

2. 有一对恋人正坐在长椅上聊天，我不好意思坐在他们旁边。
   연인 한 쌍이 벤치에 앉아 이야기를 나누고 있는데 나는 그들옆에 앉기가 민망했다.

3. 从中国回来的那天，我跟朋友从晚上一直聊到第二天凌晨。
   중국에서 돌아온 그날 나는 친구와 저녁부터 쭉 다음날 새벽까지 이야기를 나눴다.

4. 我经常跟同学一起去那儿散步，然后坐在公园门口的长椅上聊天，吃点零食。
   나는 자주 친구와 함께 그곳에 산책을 간다. 그 다음에 공원 입구의 벤치에 앉아 이야기를 나누며 간식을 먹는다.

5. 图书馆离我家不远，步行20分钟，每天我吃完晚饭，就走着去那里学习，回来的时候我特意绕远路回家，我觉得这是很好的运动。
   도서관은 우리 집에서 멀지 않다. 걸어서 20분이면 된다. 매일 나는 저녁을 먹고 걸어서 그 도서관에 공부하러 갔다가 돌아올 때는 일부러 멀리 돌아서 집으로 온다. 나는 이것이 매우 좋은 운동이라고 생각한다.

개요짜기 주어진 단어를 이용해 개요를 만들어 보세요.

서론 저녁식사 후 자주 공원을 산책한다 → 离　晚饭　散步
본론 공원에는 벤치도 있고 환경이 좋다 → 长椅
결론 공원 벤치에 앉아 이야기를 나눈다 → 聊天

		离	我	家	不	远	有	一	个	小	公	园	，		吃	完
晚	饭	，		我	和	爸	爸	妈	妈	常	常	去	那	儿	散	步 。
公	园	虽	小	，		可	环	境	还	不	错	，		有	很	多	花
草	树	木	，		还	有	供	人	休	息	的	长	椅	。		当	我
们	走	累	了	的	时	候	，		会	坐	在	长	椅	上	聊	天
儿	。															

散步 sànbù 이합 산책하다, 산보하다 ㅣ 长椅 chángyǐ 명 긴 의자, 벤치

우리 집에서 멀지 않은 곳에 작은 공원이 있다. 저녁식사를 마치고 나와 엄마 아빠는 항상 그곳에 산책을 간다. 공원은 비록 작지만 환경은 괜찮다. 많은 화초와 수목이 있고 사람들에게 휴식을 제공하는 벤치도 있다. 걷다 피곤할 때는 벤치에 앉아 이야기를 나눌 수 있다.

100.

해설

문장연습 (잠을 자고 있는 모습)

1. 我已经睡惯床了，如果让我睡地炕，我可受不了。

   나는 이미 침대에서 자는 것이 습관이 되었다. 만약 나에게 온돌에서 자라고 하면 참을 수 없다.

2. 我是个高三的学生，高三是需要起早贪黑地学习的，不过无论怎么忙我都要保证睡眠时间，我一天至少要睡6个小时以上。

   나는 고3 학생으로 고3은 아침 일찍 일어나서 밤늦게 자며 공부해야 한다. 그러나 아무리 바빠도 나의 수면시간을 확보해야 한다. 나는 하루에 최소한 6시간 이상은 자야한다.

3. 一般星期天我能睡个懒觉，可今天我必须早起，因为今天我们学校开运动会，所以我一大早就起床准备出发。

   보통 일요일에 나는 늦잠을 잘 수 있다. 그러나 오늘 나는 일찍 일어나야 했다. 오늘 우리 학교에서 운동회를 열기 때문에 나는 아주 일찍 일어나 나갈 준비를 했다.

개요짜기 사진 속 상황을 보고 개요를 만들어 보세요.

서론 최근 저녁에 잠을 못 잔다

본론 그래서 낮에 정신을 못 차린다

결론 병원에 가 수면제 처방을 받다

		我	最	近	不	知	为	什	么	，	晚	上	总	是	睡
不	着	觉	。	晚	上	失	眠	，	白	天	就	打	不	起	精
神	，	所	以	看	书	就	总	是	不	能	集	中	。	今	天
我	去	了	医	院	，	大	夫	给	我	开	了	一	点	安	眠
药	。	让	我	每	天	晚	上	临	睡	前	吃	。	但	愿	今
天	能	睡	个	好	觉	！									

단어

失眠 shīmián 통 불면(증) ㅣ 打不起精神来 dǎ bu qǐ jīngshen lái 기운이 나지 않다, 활력이 없다 ㅣ 安眠药 ānmiányào 명 수면제 ㅣ 临 lín 동 ~에 임하여, ~에 이르러(어떤 행위가 발생하는 시간에 이름) ㅣ 但愿 dànyuàn 동 오로지 ~을 바라다

해석

나는 최근 왜인지는 모르겠지만 저녁에 항상 잠을 자지 못한다. 저녁에는 불면증이고 낮에는 정신을 못 차린다. 그래서 책을 봐도 늘 집중을 할 수가 없다. 오늘 나는 병원에 갔다. 의사선생님이 나에게 수면제를 처방해 주셨다. 나에게 매일 저녁 잠자기 전에 먹으라 했다. 오늘은 잘 잘 수 있기를 바랄뿐이다.

문제 

91. 毕业　还有　就　了　两个　月

졸업하다 / 또 / ~면 / 조사 / 둘 / 달

해설 

1단계 …… 함께 쓸 수 있는 단어들을 묶어 본다.

－ [就 毕业 了], [两个 月]

－ 임박형 : 就…了

2단계 …… 주어/술어/목적어 구조를 만든다.

　　　술어　목적어
－ 还有　两个月

－ 还有…就…了 : 还有两个月就毕业了

 还有两个月就毕业了。

2개월 있으면 졸업이다.

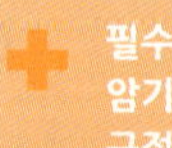 ■还有…就…了 : ~있으면 곧 ~이다

예) 还有两天就中秋节了。 이틀 있으면 곧 추석이다.

还有一年就要结婚了。 일 년 있으면 바로 결혼한다.

还有十分钟就到家了。 10분 있으면 바로 집에 도착한다.

문제

92. 带作业本　忘了　今天　弟弟　了　又

숙제공책을 지니다 / 잊다 / 오늘 / 남동생 / 조사 / 또

해설

…… 주어/술어/목적어 구조를 만든다.

주 어　술 어　　목 적 어
− 弟弟　忘了　带作业本了

…… 나머지 부사어의 위치를 정한다.

− 부사 又는 동사 앞에, 시간명사 今天은 부사 又 앞에 온다. → 今天 又 忘了

모범답안　弟弟今天又忘了带作业本了。

남동생은 오늘 또 숙제공책을 가져가는 것을 잊었다.

필수 암기 구절

■ 带… : ~를 지니다(휴대하다)

예) 要下雨，带把伞去吧。비가 오려고 하니, 우산을 가지고 가거라.

爸爸最近总是忘了带钥匙。아빠는 요즘 줄곧 열쇠 가져가는 것을 잊으신다.

别忘了带雨衣。비옷을 갖고 가는 것을 잊지 마라.

93. 他女朋友　好几次　给　每天　电话　打　他

그의 여자친구 / 여러 차례 / ~에게 / 매일 / 전화 / 걸다 / 그

해설

1단계 ······· 주어/술어/목적어 구조를 만든다.

주 어　　　술어　목적어
– 他女朋友　打　电话

2단계 ······· 함께 쓸 수 있는 단어들을 묶어 본다.

– [给…打 电话], [打 好几次 电话], [给 他 打好几次电话]

– 동사가 목적어를 동반할 경우, 동량보어 (好几次)는 동사와 목적어 사이에 온다.

모범답안 他女朋友每天给他打好几次电话。
그의 여자 친구는 매일 그에게 여러 차례 전화를 건다.

他每天给他女朋友打好几次电话。
그는 매일 그의 여자친구에게 여러 차례 전화를 건다.

필수 암기 구절

▪ 好几 + 양사/시간명사 : 여러 차례, 오랜 시간 동안

예) 有好几天没见到他了。 꽤 여러 날 그를 보지 못하였다.

好几天没吃到这么好吃的饭菜了。 꽤 여러 날 이렇게 맛있는 음식을 먹지 못하였다.

小李这个月上班迟到了好几次了。 小李는 이번 달에 출근할 때 여러 차례 지각했다.

94. 又　发现　她　最近　了　增加　她的体重

또 / 발견하다 / 그녀 / 최근 / 조사 / 증가하다 / 그녀의 체중

해설

1 단계 ...... 주어/술어/목적어 구조를 만든다.

^{주어　술어　　주어　술어　　주어　　술어}
- 她　发现 / 她最近 发现 / 她的体重　增加

- 发现은 뒤에 문장을 목적어로 둘 수 있다. → 发现 她的体重增加

- 最近은 시간을 나타내는 명사이므로 동사 앞에 온다. → 最近 发现

2 단계 ...... 함께 쓸 수 있는 단어들을 묶어 본다.

- [又 增加 了]

- 又…了 또 ~했다

모범답안　她发现最近她的体重又增加了。
그녀는 최근 그녀의 체중이 또 증가했다는 것을 발견했다.

她最近发现她的体重又增加了。
그녀는 최근 그녀의 체중이 또 증가했다는 것을 발견했다.

필수 암기 구절

- 又 + 동사 + 了 : 또 ~하다

　예) 金选手又创新记录了。김 선수가 또 신기록을 세웠다.

　　朴老师又出新书了。박 선생님께서 또 새 책을 출판하셨다.

95. 知识　丰富　我们　多看书　的　能

지식 / 풍부하게 하다 / 우리들 / 책을 많이 보다 / ~의 / ~할 수 있다

해설

1단계 …… 함께 쓸 수 있는 단어들을 묶어 본다.
- [我们 的 知识]

2단계 …… 주어/술어/목적어 구조를 만든다.

　　　　주 어　　술 어　　목 적 어
- 多看书 丰富 我们的知识

- 조동사 能은 동사 丰富 앞에 온다. → 能 丰富

- 이 문장에서 丰富는 '풍부하게 하다'는 의미의 동사이므로 뒤에 목적어를 수반할 수 있다.

모범답안 多看书能丰富我们的知识。
책을 많이 보면 우리의 지식을 풍부하게 할 수 있다.

필수 암기 구절
- 丰富知识 지식을 풍부하게 하다
  예) 广交朋友能丰富知识。 친구를 폭넓게 사귀면 지식을 풍부하게 할 수 있다.

96. 向　我　他　招了招　微笑着　手
~향하다 / 나 / 그 / 흔들다 / 미소 짓다 / 손

해설

1단계 ······ 함께 쓸 수 있는 단어들을 묶어 본다.
- [向　他　招了招　手]
- 向…招手 : ~를 향하여 손을 흔든다.

2단계 ······ 지속태 구조를 만든다.
- 他　微笑着　招手
- 주어 + 동사1 + 着 + 동사2 : 他　微笑着　向我招了招手

모범답안
他微笑着向我招了招手。
그는 미소를 지으며 나에게 손을 흔들었다.

我微笑着向他招了招手。
나는 미소를 지으며 그에게 손을 흔들었다.

필수 암기 구절
- 向…招手 : ~에게 손을 흔들다
  예) 司机向乘客招手。기사는 승객을 향해 손을 흔들었다.
- 微笑着 : 미소를 지으며

97. 两个　可能　他　小时　来　以后

두 개 / 아마 / 그 / 시간 / 오다 / 이후

해설

1단계 ······· 함께 쓸 수 있는 단어들을 묶어 본다.
- [两个 小时], [两个 小时 以后], [以后 来]

2단계 ······· 주어/술어/목적어 구조를 만든다.

　　　　　　주어　　술어
- 他　　来

- 可能은 부사이므로 동사 앞에 온다. → 他 可能 来

- -

모범답안 他可能两个小时以后来。
그는 아마 두 시간 후에 올 것이다.

필수 암기 구절

■ 可能…[시간]…来 : 아마 ~[시간]에 올 것이다
　　예) 我哥可能明天才来。 우리 형은 아마 내일이 돼야 올 것이다.
　　　　他可能过一会儿再来。 그는 아마 조금 있다가 다시 올 것이다.
　　　　张经理可能下午才回来。 장 매니저는 아마 오후가 돼야 돌아 올 것이다.

98. 已经 我 三回 警告 了 他

이미 / 나 / 세 차례 / 경고하다 / 조사 / 그

해설

 **1단계** ······ 주어/술어/목적어 구조를 만든다.

　　　　주어　술어　목적어
－ 我　　警告　　他

 **2단계** ······ 부사어와 보어의 위치를 정한다.

－ [已经 警告], [警告 他 三回]

－ 부사 已经은 동사 警告 앞에 온다.

－ 목적어가 인칭대명사일 경우, 목적어는 동량보어 앞에 위치한다.
　동사 + 목적어 + 동량보어 : 警告 他 三回

모범답안　我已经警告他三回了。
나는 이미 그에게 세 차례 경고했다.

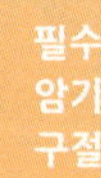 **필수 암기 구절**

▪ 警告 + [인칭대명사] + [동량보어] : ～에게 ～번 경고하다

예) 老师已经警告小王几次了。 선생님은 이미 小王에게 몇 번 경고하셨다.

　　妈妈警告了我好几次不许再玩游戏。 어머니께서 다시는 오락하면 안 된다고 경고하셨다.

99 组织　春游　盼着　意义　好吃的　重视

조직하다 / 봄나들이 / 바라다 / 의미 / 맛있는 것 / 중시하다

해설

문장연습 단어를 이용해 문장을 만들어 보세요.

1. 我就**盼着**妈妈回来，她会给我买来我最喜欢的数码照相机。
   나는 엄마가 돌아오시기를 고대하고 있다. 엄마는 내가 가장 좋아하는 디지털 카메라를 사다주실 것이다.

2. 我今天做了很多**好吃的**，因为我要邀请朋友来我家。
   나는 오늘 맛있는 것을 많이 만들었다. 왜냐하면 내가 친구를 우리 집으로 초대했기 때문이다.

3. 学校很**重视**这次活动，所以我们要好好做准备。
   학교는 이번 행사를 매우 중시한다. 그래서 우리들은 준비를 잘 해야만 한다.

4. 这次考试对我来说毫无**意义**。
   이번 시험은 나에게 있어 조금의 의미도 없다.

5. 今年的**春游**对我来说很有**意义**，因为学校**组织**我们去了一家农场，帮助农民收割小麦，虽然累了一点，但我感受到了一种收获的喜悦。
   오늘의 봄소풍은 나에게 있어 매우 의미 있었다. 왜냐하면 학교는 우리가 농장에 가 농민을 도와 밀을 수확하는 프로그램을 짰기 때문이다. 비록 조금 피곤했지만 나는 수확의 기쁨을 느꼈다.

6. 中国人很**重视**春节，过春节的时候家家户户都要准备很多年货，一到过年，妈妈会做很多**好吃的**，所以我和妹妹都**盼着**过年。
   중국인은 설을 매우 중시한다. 설을 쇨 때 집집마다 모두 설맞이 용품을 많이 준비한다. 새해가 되면 엄마는 맛있는 것을 많이 만드신다. 그래서 나와 여동생은 새해를 고대한다.

개요짜기 주어진 단어를 이용해 개요를 만들어 보세요.

서론 토요일에 봄소풍을 가기로 함 → 组织, 春游
본론 모두 봄소풍을 기다린다 → 盼着, 意义
결론 엄마도 맛있는 것을 준비하신다 → 好吃的, 重视

		这	个	星	期	五	，		学	校	要	组	织	我	们	去
春	游	。	同	学	们	都	盼	着	这	一	天	，		每	年	一
次	的	春	游	对	我	们	来	说	是	件	重	要	而	有	意	
义	的	事	儿	。	妈	妈	这	几	天	就	开	始	考	虑	，	
春	游	那	天	给	我	带	一	些	什	么	好	吃	的	，		她
也	很	重	视	这	件	事	儿	。								

단어 组织 zǔzhī 图 조직하다, 구성하다 ㅣ 春游 chūnyóu 图 (단체로) 봄놀이하다, 봄 소풍 가다 ㅣ 盼 pàn 图 바라다, 고대하다, 희망하다 ㅣ 考虑 kǎolǜ 图 고려하다, 구상하다, 계획하다

해석 이번 금요일에 우리 학교는 봄소풍을 가기로 계획을 짰다. 친구들은 모두 이날을 고대하고 있다. 매년 한 번의 봄소풍은 우리에게 있어서 중요하고 의미 있는 일이다. 엄마는 요 며칠동안 봄나들이 가는 날 어떤 맛있는 것을 우리에게 싸주실까 고민하기 시작하셨다. 엄마도 이일을 매우 중시하신다.

100.

문장연습 (남녀 친구 여럿이 함께 술 마시는 모습)

1. 平时我不太喝酒，但昨天是我朋友的生日，我就喝了几杯。
   평소에 나는 술을 그다지 마시지 않지만 어제는 내 친구 생일이라 몇 잔 마셨다.

2. 我有几个喜欢吃喝玩乐的朋友，跟他们在一起每次都要喝上几杯，慢慢我的酒量
   就大了，现在喝几瓶啤酒没问题。
   나에게는 먹고 마시고 노는 것을 좋아하는 몇 명의 친구가 있다. 그들과 함께 매번 몇 잔 마시면서 천천
   히 나의 주량은 늘었다. 지금 맥주 몇 명은 문제없다.

3. 我第一次喝酒是在接到大学通知书的那天，妈妈准备了很多好吃的，饭桌上，爸
   爸给我倒了一杯啤酒，然后我们全家人举杯，庆贺我成为一名大学生。
   내가 처음 술을 마신 것은 대학통지서를 받은 그날이다. 엄마는 맛있는 음식을 많이 준비하셨고 식탁에
   서 아빠는 나에게 맥주 한 잔을 따라 주셨다. 그런 후 우리 온 식구는 술잔을 들고 내가 대학생이 된 것
   을 축하했다.

개요짜기 사진 속 상황을 보고 개요를 만들어 보세요.

서론 대학교 때 술을 마시기 시작

본론 소주를 즐겨 마시는 이유

결론 주량이 많이 늘었음

<table>
<tr><td></td><td></td><td>我</td><td>是</td><td>个</td><td>大</td><td>学</td><td>三</td><td>年</td><td>级</td><td>的</td><td>学</td><td>生</td><td>，</td><td></td><td>从</td><td>大</td></tr>
<tr><td>学</td><td>一</td><td>年</td><td>级</td><td>起</td><td>，</td><td></td><td>我</td><td>就</td><td>经</td><td>常</td><td>跟</td><td>同</td><td>学</td><td>们</td><td>到</td><td>学</td></tr>
<tr><td>校</td><td>附</td><td>近</td><td>的</td><td>小</td><td>酒</td><td>店</td><td>喝</td><td>酒</td><td>，</td><td></td><td>因</td><td>为</td><td>跟</td><td>啤</td><td>酒</td><td>比，</td></tr>
<tr><td>烧</td><td>酒</td><td>比</td><td>较</td><td>便</td><td>宜</td><td>，</td><td></td><td>所</td><td>以</td><td>就</td><td>习</td><td>惯</td><td>喝</td><td>烧</td><td>酒</td><td>了。</td></tr>
<tr><td>现</td><td>在</td><td>我</td><td>的</td><td>酒</td><td>量</td><td>长</td><td>了</td><td>很</td><td>多</td><td>，</td><td></td><td>一</td><td>般</td><td>喝</td><td>三</td><td>瓶</td></tr>
<tr><td>都</td><td>没</td><td>问</td><td>题</td><td>。</td><td></td><td></td><td></td><td></td><td></td><td></td><td></td><td></td><td></td><td></td><td></td><td></td></tr>
</table>

단어 附近 fùjìn 명 부근, 근처 | 啤酒 píjiǔ 명 맥주 | 烧酒 shāojiǔ 명 소주 | 酒量 jiǔliàng 명 주량

해석 나는 대학 3학년생으로 대학 1학년부터 자주 친구들과 학교부근의 작은 술집에 가 술을 마시기 시작했다. 맥주에 비해 소주가 비교적 쌌기 때문에 소주 마시는 것이 습관이 되었다. 지금 나의 주량은 많이 늘어서 3병도 문제없다.

문제

91. 还有　上课　时间　15分钟　离

아직 ~남았다 / 수업하다 / 시간 / 15분 / ~까지

해설

 **1 단계** ······ 주어/술어/목적어 구조를 만든다.

　　　　주 어　　술 어　목 적 어
－ 上课时间　还有　15分钟

 **2 단계** ······ 함께 쓸 수 있는 단어들을 묶어 본다.

－ [离　上课时间]

－ 离는 전치사로 시공간적 거리를 나타낼 때 기준점이 되는 시간/장소 명사 앞에 온다.

- -

 **모범답안**　离上课时间还有15分钟。

수업시간까지 15분 남았다.

필수 암기 구절

■ 离… + 还有 + [시간] : ~까지 아직 [시간] 남았다

예) 离开学还有一周。 개학까지 아직 1주일 남았다.

离出国还有一个月。 출국까지 아직 한 달 남았다.

离中秋节还有三天。 추석까지 아직 3일 남았다.

문제

92. 一顿饭　一整天　今天　只　他　吃　了

한 끼 / 온 종일 / 오늘 / 오직 / 그 / 먹다 / 조사

해설

주어/술어/목적어 구조를 만든다.

　　주어　술어　목적어
－ 他　吃　一顿饭

함께 쓸 수 있는 단어들을 묶어 본다.
－ [只 吃 了 一顿饭], [今天 一整天]

－ 부사 只는 동사 吃의 앞, 동태조사 了는 동사 뒤에 온다.

모범답안 他今天一整天只吃了一顿饭。
그는 오늘 온 종일 한 끼만 먹었다.

今天一整天他只吃了一顿饭。
오늘 온 종일 그는 한 끼만 먹었다.

＋필수 암기 구절

■ 一整天只… : 온 종일 ~만 하다
예) 姐姐在超市逛了一整天却只买了几斤牛肉。
여동생은 슈퍼를 온종일 둘러보고서 쇠고기 몇 근만 샀다.

他今天一整天只说了几句话。
그는 오늘 하루 종일 오직 몇 마디만 말했다.

我学习了一整天只背下了10个单词。
나는 온 종일 공부했는데도 겨우 단어 10개만 외웠다.

93. 补习班　下班后　还得　上课　去　他

학원 / 퇴근 후 / 또 ~해야 한다 / 수업을 듣다 / 가다 / 그

해설

1단계 ······ 연동문 구조를 만든다.
- 他 去 补习班 上课

2단계 ······ 함께 쓸 수 있는 단어들을 묶어 본다.
- [还得 去]
- 得는 조동사로 ~해야 한다는 의미를 나타낸다. 동사 去 앞에 온다.

모범답안 下班后他还得去补习班上课。
퇴근 후 그는 학원에 수업을 들으러 가야 한다.

他下班后还得去补习班上课。
그는 퇴근 후 학원에 수업을 들으러 가야 한다.

필수 암기 구절

■ …后去… : ~한 후 ~하러 가다
예) 做完作业后去打篮球。숙제를 다 한 후에 농구하러 간다.
看完电影后去吃饭。영화를 다 본 후에 밥 먹으러 간다.
吃完饭后去公园散步。밥을 다 먹은 후에 공원에 산책하러 간다.

94. 最　起码　每天　要　7个小时的觉　睡

가장 / 최소한의 / 매일 / ~해야 한다 / 7시간의 잠 / 잠을 자다

1단계 ······ 함께 쓸 수 있는 단어들을 묶어 본다.

- [睡 觉], [睡 7个小时的觉], [最 起码]

2단계 ······ 주어/술어/목적어 구조를 만든다.

　　　　주어　술어　　　목적어
- 每天　睡　7个小时候的觉

- 要는 조동사이므로 동사 앞에 온다. → 要 睡

- 最起码는 부사어이므로 조동사 앞에 온다. → 最起码 要

 **每天最起码要睡7个小时的觉。**

매일 최소한 7시간은 자야한다.

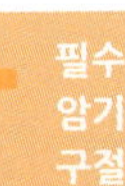

■ 起码 + [동사] : 최소한 ~하다

예) 起码得发条短信说不来了。최소한 문자라도 보내서 못 온다고 말해야 한다.

你最起码得告诉我你为什么生气吧。넌 최소한 네가 왜 화를 내고 있는지는 내게 알려줘야지.

一天最起码也得学习一个小时。하루에 최소한 한 시간은 공부해야 한다.

95. 对 我 一点 没有 他 好感 也
~에게 / 나 / 조금 / 없다 / 그 / 호감 / ~도

해설

1단계 ······ 함께 쓸 수 있는 단어들을 묶어 본다.
- [对 他], [对我], [一点好感]
- 一点은 명사 앞에 온다. → 一点好感
- 一点 + 也+没有 : 조금의 ~도 없다. (강조구문)

2단계 ······ 주어 술어 구조를 만든다.
　　주어 술어
- 我 没有

3단계 ······ 나머지 부사어의 위치를 정해준다.
- 我 对 他
- 对 + 대상(목적어)은 전치사구로 부사어이므로 주어 뒤에 온다.

모범답안 我对他一点好感也没有。
나는 그에게 조금의 호감도 없다.

他对我一点好感也没有。
그는 나에게 조금의 호감도 없다.

필수 암기 구절

■ 一点也不(/没有) : 조금도 ~하지 않다
　예) 这个菜一点也不好吃。 이 요리는 조금도 맛있지 않다.
　　　我对音乐一点兴趣也没有。 나는 음악에 대해서는 조금의 흥미도 없다.

96. 欣赏 老板 的 他 很 才能

마음에 들다 / 사장 / ~의 / 그 / 매우 / 재능

해설

주어/술어/목적어 구조를 만든다.

주 어　술 어　목적어
– 老板　欣赏　他

함께 쓸 수 있는 단어들을 묶어 본다.

– [他 的 才能], [很 欣赏]

– 심리동사 欣赏은 很의 수식을 받을 수 있다.

모범답안 老板很欣赏他的才能。
사장은 그의 재능을 매우 마음에 들어 한다.

필수 암기 구절

■ 欣赏 + 사람/풍경/작품 : (사람·풍경·작품 등)을 마음에 들어 하다(좋아하다, 감상하다)
　　예) 欣赏美丽的秋景。아름다운 가을 풍경을 좋아하다.
　　　　欣赏优美的音乐。아름다운 음악을 좋아하다.
　　　　我欣赏他的人品。나는 그의 인품을 좋아한다.

97. 老师　她　让　教室里　等着　在

선생님 / 그녀 / ~로 하여금 / 교실안 / 기다리다 / ~에서

让 겸어문 구조(주어 + 让 + 대상(목적어) + 동사)를 만든다.
－ 老师 让 她 等着

함께 쓸 수 있는 단어들을 묶어 본다.
－ [在 教室里]
－ 在 + 장소사로 이루어진 전치사구는 동사 앞에 온다. → 在 教室里 等着

모범답안

老师让她在教室里等着。
선생님은 그녀를 교실에서 기다리게 했다.

她让老师在教室里等着。
그녀는 선생님을 교실에서 기다리게 했다.

필수 암기 구절

- A 让 B… : A는 B로 하여금 ~하게 하다
  예) 妈妈让小明去买点东西。 엄마가 小明에게 물건 사오라고 시키셨다.
  爸爸让我在家呆着。 아빠가 내게 집에 있으라고 하셨다.
  老师让他打扫教室卫生。 선생님이 그에게 교실 청소를 시켰다.

98. 上课　总是　的　集中不了　时候　我

수업을 하다 / 언제나 / ~의 / 집중할 수가 없다 / ~때 / 나

1단계 ……… 함께 쓸 수 있는 단어들을 묶어 본다.

  – [上课 的时候]

  – …的时候은 시간을 나타내는 말이므로 주어 앞에 올 수 있다. → 上课的时候 我

2단계 ……… 주어/술어/목적어 구조를 만든다.

　　　　주어　　술어

  – 我　集中不了

  – 总是는 부사이므로 동사 集中 앞에 온다.

- -

모범답안　上课的时候我总是集中不了。
수업을 할 때 나는 늘 집중을 할 수가 없다.

我上课的时候总是集中不了。
나는 수업을 할 때 늘 집중을 할 수가 없다.

＋ 필수 암기 구절

▪ 总是集中不了。 언제나 집중을 할 수가 없다

　　예) 看书时他总是集中不了注意力。 책을 볼 때 그는 언제나 주의력을 기울여 집중할 수가 없다.

99 书店　自学　基础　选　好书　看来看去

서점 / 독학하다 / 기초 / 고르다 / 좋은 책 / 이리저리 보다

문장연습 단어를 이용해 문장을 만들어 보세요.

1. 他连小学都没毕业，是自学成才考上大学的。
그는 초등학교도 졸업하지 못했는데 독학으로 공부해서 대학에 합격했다.

2. 他基础知识非常扎实，所以每次考试都能得高分。
그는 기초지식이 매우 탄탄하기에 매 시험마다 고득점을 얻을 수 있다.

3. 结婚是人生的大事儿，应该选个吉祥的日子。
결혼은 인생의 대사이니 마땅히 길일을 택해야 한다.

4. 我昨天逛书店逛了两个小时。
나는 어제 서점을 두 시간 동안 구경했다.

5. 我是个书迷，喜欢看各方面的书籍，今天我又去了书店，那儿的好书很多，可我选了半天也没决定买哪本，只好空着手回来了。
나는 독서광으로 여러 방면의 서적 보기를 좋아한다. 오늘 나는 또 서점에 갔다. 그곳에는 좋은 책이 많아서, 한참을 골라도 어느 책을 사야할 지 결정하지 못해 어쩔 수 없이 빈손으로 돌아왔다.

6. 我虽然不是中文系的学生，可我很喜欢学汉语，虽然是自学的，可我的基础很好，昨天我去了书店，想买一本能自学的高级汉语书，可看来看去，没有我看中的。
나는 비록 중문과 학생은 아니지만 중국어 배우는 것을 좋아한다. 비록 독학이지만 기초가 좋다. 어제 나는 서점에 가서 혼자 공부 할 수 있는 고급 중국어 책을 사려고 했지만 이리저리 봐도 마음에 드는 것이 없었다.

개요짜기 주어진 단어를 이용해 개요를 만들어 보세요.

서론 여동생과 서점에 감 → 书店
본론 독학용 기초서적 고르는 것을 도움 → 自学, 基础, 选
결론 좋은 책이 많아 이리저리 봐도 고르기 쉽지 않다. → 好书, 看来看去

上星期天，我和妹妹去书店买书，因为妹妹想买一本能自学的英语基础书，所以我得跟着她去帮她选。到了书店转了好半天才买了一本，不是没有好书，而是好书太多了，看来看去不知买哪本好。

단어 自学 zìxué 图 독학, 혼자 공부하다 | 基础 jīchǔ 图 기본, 기초 | 得 děi 图 ～해야 한다 | 转 zhuàn 图 돌다, 한가하게 돌아다니다 | 好半天 hǎobàntiān 图 한참 동안, 오랫동안 | 看来看去 kànlái kànqù 이리저리 보다

해석 지난주 일요일에 나와 여동생은 책을 사러 서점에 갔다. 여동생은 독학할 수 있는 영어 기본서를 사고 싶어 했기에 나는 그녀를 따라가 그녀가 고르는 것을 도와야 했다. 서점에 도착해 한참 동안을 돌다 겨우 한 권을 샀다. 좋은 책이 없는 것이 아니라 좋은 책이 너무 많아서 이리저리 봐도 어느 책을 사야 좋을지 모르겠어서 그랬다.

100.

해설

문장연습 (친구 여럿이 차 마시는 모습)

1. 昨天我们**聊**了一晚上，可还是没聊够。
   어제 우리들은 저녁 내내 이야기를 나눴는데도 부족하다.

2. 我们班有很多留学生，他们来自各个国家，虽然他们韩国语说得不太流利，可我们在一起还是能**沟通**的，跟他们在一起聊天，我很开心。
   우리 반에는 유학생이 많은데 그들은 각국에서 왔다. 비록 그들은 한국어가 능숙하진 않지만 우리들은 함께 있으면 그래도 서로 통한다. 그들과 함께 이야기를 나누고 있으면 나는 매우 유쾌하다.

3. 我们班有个美国留学生，很受欢迎，他去过很多国家，懂得很多，知识面也很广，所以大家都喜欢和他**聊天**。
   우리 반에는 미국 유학생이 한 명 있는데 우리 반에서 인기 있다. 그는 매우 많은 국가를 가봤으며 아는 것도 많고 지식의 폭도 넓다. 그래서 모두 그와 이야기 나누는 것을 좋아한다.

개요짜기 사진 속 상황을 보고 개요를 만들어 보세요.

서론 금요일 친구들과 만남

본론 카페에서 차를 마시며 수다

결론 이 카페를 이용하는 이유

		我	们	学	校	一	般	星	期	五	下	午	没	有	课，
所	以	在	学	校	食	堂	吃	完	午	饭，		我	们	几	个
同	学	就	到	校	园	内	的	咖	啡	厅	一	边	喝	茶	一
边	聊	天	儿	。	这	个	咖	啡	厅	是	专	门	为	我	们
学	校	的	学	生	开	的，		所	以	跟	别	的	地	方	的
咖	啡	厅	比	要	便	宜	多	了	。						

단어 食堂 shítáng 명 (기관 내의 구내)식당 | 咖啡厅 kāfēitīng 명 커피숍 | 聊天儿 liáotiānr 동 한담하다, 잡담하다 | 专门 zhuānmén 부 전문적으로, 오로지 | 便宜 piányi 형 싸다

해석 우리 학교는 보통 금요일 오후에는 수업이 없다. 그래서 학교식당에서 점심 식사를 마치고 우리들 몇몇은 학교 구내의 카페에서 차를 마시며 수다를 떤다. 이 카페는 오로지 우리 학교 학생을 위해 연 것이다. 그래서 다른 곳의 카페에 비해 훨씬 싸다.

문제

91. 很顺利　讨论　得　进行

순조롭다 / 토론 / 조사 / 진행하다

해설

1단계 ······ 함께 쓸 수 있는 단어들을 묶어 본다.
－[进行 得], [进行 得 很顺利]
－ 得는 술어 뒤에 쓰여 정도보어/가능보어를 연결하는 역할을 한다.

2단계 ······ 주어/술어/보어 구조를 만든다
　　　　주 어　술 어　　　주 어　술 어　　　보 어
－ 讨论　进行 / 讨论　进行　得很顺利

모범답안 **讨论进行得很顺利。**
토론이 순조롭게 진행되었다.

필수 암기 구절

■ 술어 + 得 + ···(보어) : ～하게 [술어]하다
예) 写得非常好。 대단히 잘 썼다.
　　唱得非常动听。 노래를 대단히 잘 부른다.
　　他的画画得很好看。 그의 그림은 참 잘 그렸다.

92. 进步　使　谦虚　人

발전하다 / ~를 ~하게 하다 / 겸손 / 사람

1단계 ⋯⋯ '使' 자 구문을 만든다.
- A 使 B ⋯(술어) : A가 B를 ~하게 하다.

2단계 ⋯⋯ A와 B에 들어갈 적합한 단어들을 위치시킨다.
- 谦虚　使　人　进步
- '谦虚使人进步 : 겸손이 사람을 발전하게 한다'가 '进步使人谦虚 : 발전이 사람을 겸손하게 한다'보다 상식적으로 봤을 때 자연스럽다.

 **谦虚使人进步。**
겸손이 사람을 발전하게 한다.

+ 필수 암기 구절

- A 使人⋯ : A가 사람을 ~하게 하다
  예) 骄傲使人落后。교만은 사람을 낙후시킨다.

93. 对　部长　有　公司　突出贡献

~에 / 부장 / 있다 / 회사 / 뚜렷한 공헌

해설

1단계 ······ 주어/술어/목적어 구조를 만든다.

주어　술어　목적어
– 部长　有　突出贡献

2단계 ······ 함께 쓸 수 있는 단어들을 묶어 본다.

– [对　公司]

– 전치사구(전치사 + 전치사의 목적어)는 동사 有 앞에 온다.

- -

모범답안 部长对公司有突出贡献。

부장님은 회사에 뛰어난 공헌을 했다.

필수 암기 구절

■ 对··· 有贡献 : ~에 공헌하다

예) 王老师对学校有突出贡献。 왕 선생님은 학교에 뛰어난 공헌을 했다.

他对我国有巨大贡献。 그는 우리나라에 크나큰 공헌을 했다.

他的发明对这个领域的研究有很大贡献。 그의 발명은 이 분야의 연구에 큰 공헌을 했다.

94. 长城　奇迹　建筑史上的　是　被称为

만리장성 / 기적 / 건축역사상 / 이다 / ~라고 불리다

1 단계 ……… 被자 구문을 만든다.
- A 被(B) 술어 … : A가 (B에 의해서) ~하게 되다.(~당하다)
- 长城 被称为 是 …
- 被자 구문에서 행위자 (B)는 생략될 수 있다.

2 단계 ……… 함께 쓸 수 있는 단어들을 묶어 본다.
- [建筑史上的 奇迹], [是 建筑史上的 奇迹]

모범답안 长城被称为是建筑史上的奇迹。
만리장성은 건축역사상의 기적으로 불린다.

필수 암기 구절

■ 被称为… : ~라고 불린다
예) 她被称为小提琴的奇才。그녀는 바이올린의 귀재로 불린다.
他被称为天才少年。그는 천재 소년으로 불린다.
护士被称为白衣天使。간호사는 백의의 천사로 불린다.

95. 乌龟　长寿　着　象征

거북이 / 장수 / 조사 / 상징하다

해설

1단계 ······ 함께 쓸 수 있는 단어들을 묶어 본다.

– [象征　着]

– 着는 동사 뒤에 쓰여 상태의 지속을 나타낸다.

2단계 ······ 주어/술어/목적어 구조를 만든다.

주 어　　술 어　　목 적 어

– 乌龟　象征着　长寿

모범답안　**乌龟象征着长寿。**
거북이는 장수를 상징한다.

필수
암기
구절

■ A 象征着 B : A가 B를 상징하다

예) 鸽子象征着和平。 비둘기는 평화를 상징한다.

红色福娃叫欢欢，象征着圣火。 빨간색 인형은 欢欢이라고 하는데, 성화를 상징한다.

黑色大熊猫叫晶晶，它象征着人与自然的共存。
검은색 자이언트 판다는 晶晶이라고 하는데, 인간과 자연의 공존을 상징한다.

96. 差別　心理承受能力　很大　儿童的
차이 / 심리수용능력 / 크다 / 아동의

함께 쓸 수 있는 단어들을 묶어 본다.
- [儿童的 心理承受能力]

주어/술어 구조를 만든다.

　　　주어　술어　　　　　　　주어　　　　　　술어
- 差別 很大 / 儿童的心理承受能力 差別很大

- '주어+술어'로 이루어진 주술구가 문장 안에서 다시 술어로 쓰일 수 있는데, 이런 문장을 '주술 술어문'이라고 부르며, 주로 설명이나 묘사에 많이 쓰인다.

  예) 这个人胆子小。 이 사람은 담이 작다.

　　　他脸色苍白。 그는 안색이 창백하다.

모범답안 儿童的心理承受能力差別很大。
아동의 심리 수용 능력은 차이가 크다.

필수 암기 구절

- … 差別很大 : ~은 차이가 크다
  예) 他们俩的爱好差別很大。 그들 두 사람의 취미는 차이가 크다.(많이 다르다)
  　 韩日两国的观点差別很大。 한일 양국의 관점은 크게 다르다.

97. 决定　他们　学习时间　延长　适当

결정하다 / 그들 / 학습시간 / 연장하다 / 적당하다

해설

 **1 단계** ...... 주어/술어/목적어 구조를 만든다.

　주어　술어
- 他们　决定

- 决定의 목적어로는 구나 문장이 올 수 있다.

 **2 단계** ...... 함께 쓸 수 있는 단어들을 묶어 본다.

- [适当　延长　学习时间]

- 适当은 부사어로써 동사를 수식한다. '적당하게 (~하다)'

- -

 **모범답안** 他们决定适当延长学习时间。

그들은 학습시간을 적절하게 연장하기로 결정했다.

 **필수 암기 구절**

■ 决定… : ~하기로 결정하다

예) 我决定不去上大学。 나는 대학에 진학하지 않기로 결정했다.

他决定和她结婚。 그는 그녀와 결혼하기로 결정했다.

小王决定从今天起开始努力学习。 小王은 오늘부터 열심히 공부하기로 결정했다.

98. 把　删除了　全部　她　手机里的短信

을 / 삭제했다 / 전부 / 그녀 / 휴대전화 안의 문자메시지

해설

1 단계 ...... 把자 구문을 만든다.
- A 把 B 술어 기타성분 : A가 B를 ～(처치)하다
- 她 把 手机里的短信 删除了

2 단계 ...... 나머지를 위치시킨다.
- 全部 删除了
- 把자문에서 부정부사, 조동사, 시간사는 일반적으로 把 앞에 오지만, 全(部) / 都 / 也 는 술어 동사 앞에 올 수 있다.

모범답안 她把手机里的短信全部删除了。
그녀는 휴대전화 안의 문자메시지를 모두 삭제했다.

필수 암기 구절

- 全部 …了 : 전부 ～하다
  예) 问题已经全部解决了。 문제는 이미 전부 해결되었다.
  他把冰箱里的东西全部吃掉了。 그는 냉장고 안에 있는 것을 전부 먹어버렸다.

99 运动鞋　牌子　考试　看中　真的　下功夫

운동화 / 상표 / 시험 / 마음에 들다 / 정말 / 공을 들이다(공부하다)

문장연습 단어를 이용해 문장을 만들어 보세요.

1. 学校要求上体育课的时候一定要穿运动鞋。
   학교에서는 체육수업을 할 때 반드시 운동화를 신을 것을 요구한다.

2. 他穿的上衣的牌子是世界名牌。
   그가 입은 상의의 상표는 세계 유명 브랜드다.

3. 我走进商店第一眼就看中了这件T恤衫。
   나는 상점에 들어가자마자 한 눈에 이 티셔츠가 마음에 들었다.

4. 为了这次比赛他可下了不少功夫。
   이번 시합을 위해 그는 적지 않은 시간을 들였다.

5. 今天我同桌穿了一双新运动鞋，是我最喜欢的牌子，上次我在百货商店看中了这款鞋，下个月是我的生日，我要让妈妈也给我买一双。
   오늘 내 짝은 새 운동화를 신었는데 내가 가장 좋아하는 브랜드였다. 지난번 나는 백화점에서 이 스타일의 신발이 마음에 들었었다. 다음 달 내 생일에 나는 엄마에게 한 켤레 사달라고 하려 한다.

6. 这次HSK考试对我来说很重要，因为这是我就业前的最后一次机会，这次我真的要下功夫学习，不能再像以前那样混日子了。
   이번 HSK 시험은 나에게 매우 중요하다. 왜냐하면 이것은 내 취업 전의 마지막 기회이기 때문에 이번에 나는 정말 열심히 공부해야 한다. 더 이상 이전처럼 그렇게 대충대충 살아서는 안 된다.

개요짜기 주어진 단어를 이용해 개요를 만들어 보세요.

서론 엄마가 내가 좋아하는 메이커의 운동화를 사주심 → 运动鞋，牌子
본론 시험을 잘 보면 운동화를 사주시기로 약속 → 考试，看中
결론 운동화를 얻기 위해 노력함 → 真的，下功夫

		妈	妈	今	天	给	我	买	了	一	双	运	动	鞋	，
是	我	最	喜	欢	的	牌	子	，	这	是	两	个	月	前	妈
妈	跟	我	约	好	的	，	如	果	在	这	次	考	试	中	每
科	都	能	考	到	90	分	以	上	，	就	给	我	买	我	早
就	看	中	了	的	那	双	球	鞋	。	为	了	能	得	到	那
双	鞋	，	我	真	的	在	学	习	上	下	了	很	多	功	夫 。

단어 牌子 páizi 명 상표, 브랜드 | 早就 zǎojiù 튀 일찍이, 진작, 벌써 | 下功夫 xiàgōngfu 시간과 정력을 쏟아 붓다, 힘쓰다, 노력하다, 공부하다

해석 엄마는 오늘 나에게 운동화 한 켤레를 사주셨는데 내가 가장 좋아하는 브랜드이다. 두 달 전 엄마는 만약 이번 시험에서 모든 과목을 90점 이상 받으면 내가 일찌감치 마음에 들어 했던 그 축구화를 사주시기로 나와 약속하셨다. 그 신발을 얻기 위해 나는 정말 노력을 해서 열심히 공부했다.

100.

해설

문장연습 (친구 여럿이 함께 식사하는 모습)

1. 我不喜欢在家吃饭，我很喜欢跟朋友一起出去吃。
   나는 집에서 밥 먹는 것을 좋아하지 않는다. 나는 친구와 함께 나가 먹는 것이 좋다.

2. 上中学的时候，我有两个最要好的朋友，她们俩长得都很漂亮，我们三个是班里的三大美女，同学们都很羡慕我们。
   중학교를 다닐 때, 나는 친한 친구가 두 명 있었는데, 그녀들 둘 다 예쁘게 생겼다. 우리 셋은 반에서 미녀 삼총사였으며 반 친구들은 모두 우리를 부러워했다.

3. 我们学校附近有一个小吃店，那里的小吃味道都很不错，所以，平时我和同学们常去那里吃午饭。
   우리 학교 부근에 간이 식당이 하나 있는데 그곳의 간식거리는 모두 맛이 괜찮다. 그래서 평소에 나와 친구들은 항상 그곳에 가서 점심을 먹는다.

개요짜기 사진 속 상황을 보고 개요를 만들어 보세요.

서론 며칠 전 동창회에 참가

본론 졸업 후 매번 참가함

결론 내가 매번 참가하는 이유

		前	几	天	，	我	参	加	了	小	学	同	学	的	聚
会	。	小	学	毕	业	后	，	我	们	几	乎	每	年	都	有
一	次	聚	会	，	我	一	次	也	没	落	下	过	。	我	很
喜	欢	同	学	们	在	一	起	的	气	氛	，	跟	他	们	在
一	起	好	像	又	回	到	了	童	年	，	对	快	要	大	学
毕	业	的	我	来	说	，	这	种	感	觉	很	特	别	。	

단어 牌子 páizi 명 상표, 브랜드 | 聚会 jùhuì 명 모임, 회합, 집회 | 落下 làxià 동 (모임, 훈련 등에) 빠지다 | 气氛 qìfēn 명 분위기 | 好像 hǎoxiàng 부 마치 ~와 같다 | 童年 tóngnián 명 어린 시절

해석 며칠 전에 나는 초등학교 동창 모임에 참석했다. 초등학교 졸업 후 우리는 거의 매년 한번 모임을 갖는데 나는 한 번도 빠진 적이 없다. 나는 친구들과 함께 하는 분위기가 좋다. 그들과 함께 있으면 마치 어린 시절로 돌아간 것 같다. 곧 대학을 졸업할 나에게 있어서 이런 느낌은 매우 특별하다.

문제

91. 干干净净　他　把　得　收拾　宿舍

깨끗하게 / 그 / ～을 / 조사 / 치우다 / 기숙사

해설

1단계 …… 把자문 구조를 만든다.
– 他　把　宿舍　收拾 …

2단계 …… 나머지를 위치시킨다.
– 收拾　得　干干净净

– 把자문에서 동사 뒤에 기타성분으로 정도보어가 올 수 있다.
（참고 : 가능보어는 把자문에 쓰일 수 없다. 我把那个面包吃得了。(X) ）

모범답안 他把宿舍收拾得干干净净。
그는 기숙사를 깨끗하게 치웠다.

필수 암기 구절

■ 把 + 목적어 + 동사 + 得… : (목적어)를 ～하게 ～하다
예) 他把那个问题讲得清楚极了。그는 그 문제를 매우 확실하게 말했다.
他把东西摆放得整整齐齐。그는 물건을 가지런히 놓아두었다.
妈妈把客人照顾得十分周到。엄마가 손님을 빈틈없이 보살피셨다.

문제

92. 那个　批准　设计方案　了　获得

그 / 허가, 승인 / 설계방안 / 조사 / 얻다

해설

 **1 단계** ...... 주어/술어/목적어 구조를 만든다.

술어　목적어
– 获得　批准

 **2 단계** ...... 함께 쓸 수 있는 단어들을 묶는다.

– [那个 设计方案], [获得 了]

모범답안 那个设计方案获得了批准。

그 설계안이 허가를 받았다.

필수 암기 구절

▪ **获得批准** : (하급 기관의 의견·요구·건의 등이 상급기관의) 허가(승인)를 받다

예) 他们的建设规划获得了批准。 그들의 건설 기획이 허가를 받았다.

小李的休假申请获得了领导的批准。 小李의 휴가 신청은 상사의 허가를 받았다.

我们部门的计划获得了市政府的批准。 우리 부서의 계획이 시정부의 허가를 받았다.

93.　登记一下　柜台前　马上　去　请您

등록하다 / 계산대 / 바로(곧) / 가다 / ~해 주십시오

해설

1 단계 ······ 연동문 구조를 만든다.

– 请您 去 柜台前 / 请您 登记一下 / 请您 去 柜台前 登记一下

– 연동문에서는 대개 뒷 동작이 앞 동작의 목적이 된다. 앞 동사로 '来'나 '去'가 잘 쓰인다.

예) 你来这儿干什么? 당신은 무엇 하려고 여기에 오셨어요?

2 단계 ······ 나머지를 위치시킨다.

– 马上 去

– 부사어는 연동문에서 일반적으로 첫 번째 술어 동사 앞에 놓인다.

예) 我们也坐船去旅游。 우리도 배를 타고 여행갑니다.

 **请您马上去柜台前登记一下。**

바로 등록하러 계산대로 가주십시오.

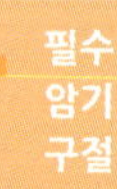 필수 암기 구절

■ 去… (동사)… : ~하러 ~에 가다

예) 小李又去找老王下棋了。 小李는 장기를 두려고 老王을 찾아 갔다.

94. 不能　了　推迟　再　会议日期

할 수 없다 / 조사 / 연기하다 / 다시 / 회의기간

해설

1단계 ······ 주어/술어/목적어 구조를 만든다.

　　　　　주 어　　　술 어
- 会议日期　推迟了

- 推迟 뒤에는 목적어로 시간이 온다.

  예) 大会推迟一天。회의가 하루 연기되다.

　Tip　推迟了会议日期（×）

2단계 ······ 나머지를 위치시킨다.
- 不能 再 推迟了

- 부사 再는 일반적으로 조동사 뒤에 온다.

  예) 你能再帮帮他吗? 당신은 그를 다시 도와주실 수 있나요?

- -

모범답안　**会议日期不能再推迟了。**
회의날짜는 다시 연기할 수 없다.

필수 암기 구절

■ **不能再**… : 다시(더 이상) ~할 수 없다
　예) 我已经有点撑了，不能再吃了。이미 배가 불러서 더 이상은 먹을 수가 없다.

95. 录用　被　外企公司　一家　他　了

입용하다, 채용하다 / ~에 의해서 / 외자기업 / 한 / 그 / 조사

해설

1단계 …… 被자문 구조를 만든다.
－ 他　被　录用

2단계 …… 함께 쓸 수 있는 단어들을 묶고 나머지를 위치시킨다.
－ [录用　了], [一家　外企公司], [被　一家　外企公司　录用　了]

모범답안 他被一家外企公司录用了。
그는 외자기업에 고용되었다.

필수 암기 구절

■ 被~录用 : ~에게 고용되다(임용되다, 뽑히다)

예) 小王被国家机关录用了。 小王이 국가기관에 임용되었다.

他被一家知名企业录用了。 그는 저명한 기업에 채용되었다.

小李同时被好几家大公司录用了。 小李은 동시에 여러 대기업에 뽑혔다.

96. 门上　令人　牌子　的　挂着　注目

문에 / 사람에게 ~하게 하다 / 간판 / ~의 / 걸려 있다 / 주목

挂着를 이용해 존현문 구조를 만든다.

– 门上　挂着　牌子

– 존재를 나타내는 동사는 대개 정지 동작 동사 (예 : 坐，站，贴，躺，停，放 등)로써 뒤에 着를 갖는다.

예) 桌子上摆着两盆花。탁자 위에 화분 두 개가 놓여 있다.

함께 쓸 수 있는 단어들을 묶어 본다.

– [令人　注目　的　牌子]

모범답안 门上挂着令人注目的牌子。

문에 사람의 주목을 끄는 간판이 걸려 있다.

+ 필수 암기 구절

■ (장소) + 挂着 + (불특정 명사) : ~에 ~가 걸려 있다(존현문)

예) 墙上挂着一张地图。벽에 지도 한 장이 걸려 있다.

97. 酒吧　一家　小李　在经营　一直

술집 / 한 / 샤오리(인명) / 경영하고 있다 / 줄곧

 **1단계** ······ 주어/술어/목적어 구조를 만든다.

주어　술어　목적어
– 小李　在经营　酒吧

 **2단계** ······ 함께 쓸 수 있는 단어들을 묶어 본다.

– [一直 在经营], [一家 酒吧]

– 부사어는 동사구 앞에 온다.

– 家는 가정·가게·기업 따위를 세는 단위이다.

- -

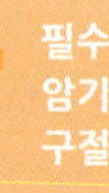 **모범답안** 小李一直在经营一家酒吧。

小李는 줄곧 술집을 경영하고 있다.

필수 암기 구절

■ 一直在… : 줄곧 ~하다

예) 为了减肥，姐姐五年来一直在坚持练瑜珈。

다이어트를 위해서 누나는 5년 동안 줄곧 요가를 계속 해오고 있다.

98. 要学会　我们　事物　角度　观察　从不同的

배워서 할 수 있어야 한다(습득해야 한다) / 우리 / 사물 / 각도 / 관찰 / 다른 ~에서

 **1단계** ······· 주어/술어/목적어 구조를 만든다.

　　　주어　술어　목적어　　주어　술어　　주어　술어　　목적어
– 我们　观察　事物　/　我们　要学会　/　我们　要学会　观察事物

– 要学会 뒤에 목적어로 동사구가 올 수 있다.

 **2단계** ······· 함께 쓸 수 있는 단어들을 묶어본다.

– [从不同的 角度]

– 전치사구는 대개 동사 앞에 온다.

– [从不同的 角度 观察]

 **모범답안**　**我们要学会从不同的角度观察事物。**

우리는 다른 각도에서 사물을 관찰하는 것을 습득해야 한다.

필수 암기 구절

■ 要学会… : ~하는 것을 배워서 할 수 있어야 한다(습득해야 한다)

예) 凡事不能只顾眼前利益，要学会算大账。

무슨 일이든 눈앞에 이익만 고려해서는 안 되고, 멀리 내다보고 큰 안목으로 판단하는 것을 배워야 한다.

99　老师　算是　经验　准备　认真　随便

선생님 / ~인 셈이다 / 경험 / 준비하다 / 진지하다(성실하다) / 마음대로(좋을대로. 함부로)

문장연습 단어를 이용해 문장을 만들어 보세요.

1. 今天我请他吃午饭，就算是我给他接风了。
   오늘 나는 그에게 점심을 먹자고 청했는데, 내가 그에게 대접 받은 셈이 되었다.

2. 因为我买东西没有经验，所以经常被宰。
   내가 물건을 사는 데 경험이 없어 늘 바가지를 쓴다.

3. 我正准备出去的时候，他来了。
   내가 마침 나가려고 준비할 때 그가 들어왔다.

4. 在老师面前不要太随便了。
   선생님 면전에서 너무 제멋대로 굴지 마라.

5. 前天是教师节，我给老师写了一封信，并且买了一支钢笔，打算送给老师，就算
   是我的一点心意。老师很认真地看了信，把钢笔还给了我。
   그제는 스승의 날이었다. 나는 선생님께 편지를 한 통 쓰고 아울러 만년필을 한 자루 사서 드렸는데, 나
   의 작은 성의인 셈이었다. 선생님께서는 나의 편지는 기꺼이 받아보셨고, 만년필은 되돌려 주셨다.

6. 这个学期我被选为了班长，今天是第一个班会，我虽然没有经验，可我准备得很
   认真，因为这对我来说是第一次，所以我不能组织得太随便。
   이번 학기에 나는 반장으로 뽑혔다. 오늘이 첫 번째 반 회의이다. 나는 비록 경험이 없지만 성실하게 준
   비를 했다. 이번이 나에게는 첫 번째이기 때문에 나는 이번 반회의를 대충대충 조직할 수 없다.

개요짜기 주어진 단어를 이용해 개요를 만들어 보세요.

서론 우리 어머니는 경험이 풍부한 선생님 → 老师，算是，经验
본론 어머니는 열심히 수업준비를 하신다 → 准备，认真
결론 그녀의 교육철학 → 随便

我妈妈是老师，她当老师已经十多年了，也算是一个经验丰富的老师了。可她每天回到家里都要为第二天的课做准备，每天都很认真。她说："我不能用过去的知识随便对付学生，我要每天都有新的东西。"

단어
对付 duìfu 图 다루다, 대응하다, 대하다 | 经验 jīngyàn 图 경험 | 丰富 fēngfù 图 (물질, 학식, 경험 등이) 풍부하다 | 第二天 dì èr tiān 图 다음날, 이틀째 | 认真 rènzhēn 图 착실하다, 성실하다, 충실하다

해석
우리 엄마는 선생님이시다. 엄마가 선생님을 하신지 이미 10여년이 되었으니, 경험이 풍부한 선생님인 셈이다. 그러나 그녀는 매일 집에 돌아와 다음날 수업을 준비하는데, 매일 매우 열심이시다. 그녀는 "나는 지난 지식을 가지고 학생들을 대충대충 가르칠 수는 없다. 나는 매일 새로운 것을 가지고 있어야 한다."고 말씀 하신다.

100.

해설 🔸

문장연습 (자전거 타는 모습)

1. 上个月我过生日的时候，爸爸给我买了一辆自行车。
   지난 달 내 생일파티에 아빠는 나에게 자전거를 한 대 사주셨다.

2. 对快节奏的现代人来说，骑自行车是一项很好的运动，如果上下班或上学放学时能骑自行车的话，既保护环境，又有利于我们的健康。
   바쁜 현대인에게 있어서 자전거를 타는 것은 좋은 운동이다. 만약 출퇴근이나 등하교시에 자전거를 탄다면 환경을 보호할 뿐 아니라 우리의 건강에도 이롭다.

3. 我平时很喜欢运动，骑自行车也是我喜欢的运动之一，离我家不远有一块空地，周末我经常去那儿骑一个小时的自行车。
   나는 평상시에 운동을 좋아하는데 자전거 타기 역시 내가 좋아하는 운동 중 하나이다. 우리 집에서 멀지 않은 곳에 공터가 하나 있는데 주말에 나는 자주 그곳에 가서 한 시간 정도 자전거를 탄다.

개요짜기 사진 속 상황을 보고 개요를 만들어 보세요.

서론 집 근처에 강이 있다

본론 자전거 타고 강가를 달리기

결론 여름 저녁에 자전거를 타면 좋은 점

		我	家	附	近	有	一	条	江	，	江	边	有	一	条
宽	宽	的	路	，	我	经	常	跟	爸	爸	去	那	儿	锻	炼
有	时	候	跑	步	，	有	时	候	骑	自	行	车	，	但	骑
自	行	车	的	时	候	更	多	。	夏	天	的	晚	上	在	江
边	骑	自	行	车	的	感	觉	很	好	，	欣	赏	美	丽	的
风	景	，	吹	着	江	风	，	舒	服	极	了	。			

단어 附近 fùjìn 圈 부근의, 근처의 ㅣ 宽 kuān 圈 넓다 ㅣ 锻炼 duànliàn (몸을) 단련하다 ㅣ 欣赏 圄 xīnshǎng 음미하여 즐기다, 감상하다

해석 우리 집 근처에 강이 있는데 강가에 너른 도로가 하나 있다. 나는 종종 아빠랑 그곳에 가서 운동한다. 어떤 때는 달리기를 하고 어떤 때는 자전거를 타는데 자전거를 탈 때가 더 많다. 여름날 저녁에 강가에서 자전거를 타는 느낌은 매우 좋다. 아름다운 풍경을 바라보며 강바람을 맞으면 아주 편안하다.

Note

新HSK 5급 백발백중 쓰기 트레이닝
모범답안

모범답안

91. 我根本不关心他们的事儿。
他们根本不关心我的事儿。

92. 几乎有一半的人骑自行车上班。

93. 他收到了一份特别的礼物

94. 他正在认真地读一本书

95. 院子里到处都是垃圾

96. 他几乎每天都去网吧。

97. 学习汉语比学习英语有意思多了。
学习英语比学习汉语有意思多了。

98. 搬家的时候也要考虑交通问题

99. 今天我上英语课的时候又趴在书桌上睡着了，下课后老师问我为什么上课总是不集中，我不敢说实话，因为如果我说实话的话，老师会给妈妈打电话，要是妈妈知道了，那我就完蛋了，因为妈妈常嘱咐我，晚上千万不能玩儿游戏。

100. 我很喜欢吃西餐，可妈妈爸爸不喜欢吃，所以无论在家吃饭还是全家人出去吃饭，我们一般都是吃韩国菜或中国菜。跟朋友们一起吃饭时，因为西餐很贵，都舍不得花那个钱吃。看来，我就得等自己赚了钱，去吃个够了。

91. 他已经习惯睡午觉了。

92. 桌子上放着两大盒糖。

93. 他的个子比我高多了。

94. 爸爸给狗起了一个非常好听的名字。

95. 他喜欢一边听音乐一边看书。
他喜欢一边看书一边听音乐。

96. 儿子非要等爸爸回来再睡觉。

97. 他怕这样做影响他们俩的关系。

98. 我曾经去过两次上海。
我曾经去过上海两次。

99. 我每天早上起床以后都习惯喝一杯水，一般是妈妈前一天晚上把水烧好，可是昨天晚上妈妈可能是忘了烧水，所以早上起来没有水喝，我随手从冰箱里拿了一盒牛奶，一口气喝了下去，没想到喝坏了肚子，拉肚子拉了一天。

100. 我有一个好朋友，我们从小在一起长大，小学，中学，大学一直都在同一个学校上学，我们经常一起去图书馆学习，星期六常常是一整天呆在图书馆里，本来学习是非常无聊的事儿，可是跟她在一起学习，我觉得很开心。

91. 这个医院的病人越来越多。

92. 妈妈总是担心哥哥的身体。

93. 听说他是王经理的亲戚。

94. 这里的苹果又大又新鲜。
这里的苹果又新鲜又大。

95. 粗心确实给他带来不少麻烦。

96. 学校通知他明天务必到学校来一趟。

97. 妈妈不让我把这件事告诉别人。

98. 你一定要让他知道学汉语的重要性。

99. 我喜欢一边吃饭一边看电视，所以每次吃饭的时候，我都拿着饭碗坐在电视前，很少跟爸爸妈妈坐在一起吃，可今天在电视上看到一家人坐在一起吃饭的样子，显得和和睦睦的，心里想我也应该跟爸爸妈妈坐在一起吃饭。

100. 我最近开始学游泳了，我学游泳不是为了锻炼身体，而是为了能去海边玩儿在海里游泳。一到夏天，我和朋友们经常去海边，可我不会游泳，总是玩儿得没有别人开心，所以我下决心这次一定要把游泳学会了。

91. 妈妈做的饭菜非常可口。

92. 他肯定是忘了带手机了。

93. 飞机起飞的时间马上就要到了。

94. 最近他感到工作压力太大了。
他最近感到工作压力太大了。

95. 他无聊的时候用看书来打发时间。

96. 妈妈最近总是感到身体不舒服。
最近妈妈总是感到身体不舒服。

97. 我一般下午不喝咖啡。
下午我一般不喝咖啡。

98. 教室的墙上贴着同学们写的学习计划。

99. 我小学五年级的时候就开始学骑自行车，刚学会我就开始上大道骑，也不知道害怕。有一次我骑车差一点撞到了汽车，从自行车上摔了下来，腿也摔伤了，从那以后我再也不敢骑车了，我很羡慕我的朋友们，他们都骑得很棒。

100. 在学校开的几门课中，我最喜欢英语课，因为英语老师讲课非常有意思，他上课的时候，常常用不同的声音，不同的表情，逗得我们哈哈大笑，同时一些句子就给我们留下了深刻的印象。

91. 他今天穿了一身蓝色的西装。

95. 他做了一件不应该做的事儿。

92. 今天老师又把他批评了一顿。
老师今天又把他批评了一顿。

96. 一个女孩面带微笑地向我走来。

93. 他上课的时候总是不能集中。

97. 他不是因为身体不舒服不来的。

94. 她这么做根本解决不了问题。

98. 我亲眼看到他背着书包离开学校。

99. 最近我发现自己胖了很多，觉得应该减减肥了。所以除了每顿少吃饭以外，我给自己定了个计划，就是每天下课回家吃完饭后，做两个小时的作业，然后到离我家不远的学校运动场跑10圈儿，计划定好以后，我坚持了不到一个星期就放弃了。

100. 离我家不远就有一个地铁站，所以出门很方便，我每天上学放学都坐地铁，很少坐公共汽车。因为坐地铁不用等很长时间，而且不堵车，所以我一般都能按时到学校上课，从不迟到。

91. 对孩子过分严格会有反效果。

95. 明天他要跟家里人去郊游。
他明天要跟家里人去郊游。

92. 我对绘画有浓厚的兴趣。

96. 未来属于不懈努力的人。

93. 昨天他把我的词典借走了。

97. 那已经是十年以前的事了。

94. 他不喜欢不爱说话的人。

98. 我已经在这儿等他一个多小时了。

99. 我每天都睡得很晚，因为放学回家后要写很多的作业。每天学校和补习班都留很多作业，怎么写也写不完。第二天早上我还得早起去上学，有时候起晚了连饭都吃不上，所以妈妈很担心我的健康。

100. 我是个女孩子，所以不会踢足球，不过我很喜欢看足球赛。我弟弟是学校足球队的主力，他经常参加足球赛，所以我就经常跟着弟弟给他助威。每次当弟弟把球踢进球门的时候，我都会高兴得跳起来。

91. 老王对工作总是有一股热情。

92. 要是你喜欢的话就拿走吧。

93. 离吃饭时间还有三个小时。

94. 借了别人的东西就快点还。

95. 他才不管你喜欢不喜欢呢。

96. 这部电影是由一个民间故事改编的。

97. 爸爸离开家大概有十天了。

98. 他做什么事儿都想得太多。

99. 我最近每周两次去健身房做运动，去一次要运动2个小时，虽然一星期两次少了点儿，不过我觉得如果我能坚持下去就很不错了。我以前也曾下决心运动，可每次都没坚持多久就放弃了。这次我可得坚持下去。

100. 昨天早上我没听见闹铃声，当我睁开眼睛时，吓了一跳，跟平时比我起晚了40分钟，我急急忙忙起床，洗了把脸，冲出家门。正好前面停了一辆出租车，真是谢天谢地。我坐上出租车，很顺利地到了学校，只晚了五分钟。

91. 那家百货商店坐落在市中心。

92. 今年三月份我要去一个中学实习。

93. 我今天就吃了一顿饭。

94. 结账的时候才发现没带钱包。

95. 还有一大堆衣服没洗呢。

96. 门上挂着游人止步的牌子。

97. 弟弟又被老师罚站了。

98. 最近他哥哥正忙于找工作。
他哥哥最近正忙于找工作。

99. 今天是星期天，我跟朋友约好在我家附近的咖啡店见面，我们打算先在咖啡店聊一会儿天儿，然后去吃午饭，下午一起去看电影。我们几个好朋友不能经常见面，因为我们都是大忙人，想聚在一起挺不容易的。

100. 我在家很少干家务活，洗衣服，做饭，打扫卫生等都是妈妈一个人干。今天老师给我们留了一个作业，就是帮助妈妈做家务，所以我一回到家，就把家里的脏衣服都拿出来，准备洗，可我发现家里的洗衣机坏了。我只好用手洗。

91. 这件事勾起了他对过去的回忆。

92. 今天他又惹妈妈生气了。
他今天又惹妈妈生气了。

93. 他被那所名牌大学录取了。

94. 找不到理想的对象我就不结婚。

95. 我最讨厌不遵守时间的人。

96. 他对问题的分析很令我佩服。

97. 现在的社会竞争越来越激烈。

98. 我想吃完饭再给他打电话。
他想吃完饭再给我打电话。

99. 今天我没吃早饭，所以还没到中午就觉得肚子饿了，课间休息时间我跑到便利店买了一个汉堡，等我跑回教室正要打开包装的时候，却发现汉堡包的有效期已经过了三天了，唉！只好再饿着肚子上课了。

100. 放学以后，我一般在学校图书馆学习，很少直接回家，因为我在家总是不能集中学习，不是看电视，就是看漫画。下课后如果饿了，我就买个面包随便吃点，渴了就买杯可乐喝，晚上回家后我才会大吃一顿。

91. 这次出差的费用由公司承担。

92. 我看他有点儿生气了。

93. 姐姐总是这样丢三落四的。

94. 他今天对我一点儿也不热情。
今天他对我一点儿也不热情。

95. 这次春游给我留下了美好的回忆。

96. 桌子上放着一杯热乎乎的咖啡。

97. 我跟她说老王不会相信的。
老王不会相信我跟她说的。

98. 他很会逗别人开心。

99. 昨天我在放学回家的路上，突然发现钱包不见了，真是吓了一跳。想了想，除了学校，我没去别的地方，肯定是丢在教室里了。我急忙跑回学校，进教室一看，发现钱包在桌子底下"躺着"呢。

100. 周末的时候，妈妈常带我去逛商店，妈妈很喜欢购物，每次去百货商店的时候，妈妈都兴奋得不得了。其实，有的时候逛了半天，什么也没买，空着手回家，可是妈妈觉得饱饱眼福也挺开心的。

91. 火车马上就要进站了。

92. 你可千万要小心上当受骗。

93. 今天请客我没花多少钱。
    我今天请客没花多少钱。

94. 在别人看来他很小气。
    在他看来别人很小气。

95. 他动不动就拿我开心。
    我动不动就拿他开心。

96. 这个电视剧取材于一个神话。

97. 这次的事对他来说很重要。

98. 期末考试总算考完了。

99. 昨天我们全家去饭馆吃了一顿大餐，我们一家人很久没在外面吃饭了，所以我和弟弟都很高兴。出去之前我们商量吃什么，爸爸和妈妈说要吃自助餐，而我和弟弟要吃比萨饼，最后还是按妈妈爸爸的想法去吃了自助餐。

100. 昨天是我的生日，就像往年一样，我收到了很多礼物。其中有一件我最喜欢的礼物，是我同桌送给我的一个发卡和一封信，这是所有礼物中最有意义的，因为信里写的内容让我感动了好久。

91. 犯了错误就要敢于承认错误。

92. 他不愿意让妈妈知道这件事。

93. 最近弟弟肯定有什么事瞒着我。
    弟弟最近肯定有什么事瞒着我。

94. 我已经三天没睡好觉了。

95. 他在电脑方面是专家。

96. 这个房间可比我的房间暖和多了。

97. 小王以为老师不记得他的名字了。
    老师以为小王不记得他的名字了。

98. 我大学毕业快五年了。

99. 离我家不远有一个小公园，吃完晚饭，我和爸爸妈妈常常去那儿散步。公园虽小，可环境还不错，有很多花草树木，还有供人休息的长椅。当我们走累了的时候，会坐在长椅上聊天儿。

100. 我最近不知为什么，晚上总是睡不着觉。晚上失眠，白天就打不起精神，所以看书就总是不能集中。今天我去了医院，大夫给我开了一点安眠药。让我每天晚上临睡前吃。但愿今天能睡个好觉！

91. 还有两个月就毕业了。

92. 弟弟今天又忘了带作业本了。

93. 他女朋友每天给他打好几次电话。
他每天给他女朋友打好几次电话。

94. 她发现最近她的体重又增加了。
她最近发现她的体重又增加了。

95. 多看书能丰富我们的知识。

96. 他微笑着向我招了招手。
我微笑着向他招了招手。

97. 他可能两个小时以后来。

98. 我已经警告他三回了。

99. 这个星期五，学校要组织我们去春游。同学们都盼着这一天，每年一次的春游对我们来说是件重要而有意义的事儿。妈妈这几天就开始考虑，春游那天给我带一些什么好吃的，她也很重视这件事儿。

100. 我是个大学三年级的学生，从大学一年级起，我就经常跟同学们到学校附近的小酒店喝酒，因为跟啤酒比，烧酒比较便宜，所以就习惯喝烧酒了。现在我的酒量长了很多，一般喝三瓶都没问题。

91. 离上课时间还有15分钟。

92. 他今天一整天只吃了一顿饭。
今天一整天他只吃了一顿饭。

93. 下班后他还得去补习班上课。
他下班后还得去补习班上课。

94. 每天最起码要睡7个小时的觉。

95. 我对他一点好感也没有。
他对我一点好感也没有。

96. 老板很欣赏他的才能。

97. 老师让她在教室里等着。
她让老师在教室里等着。

98. 上课的时候我总是集中不了。
我总是上课的时候集中不了。

99. 上星期天，我和妹妹去书店买书，因为妹妹想买一本能自学的英语基础书，所以我得跟着她去帮她选。到了书店转了好半天才买了一本，不是没有好书，而是好书太多了，看来看去不知买哪本好。

100. 我们学校一般星期五下午没有课，所以在学校食堂吃完午饭，我们几个同学就到校园内的咖啡厅一边喝茶一边聊天儿。这个咖啡厅是专门为我们学校的学生开的，所以跟别的地方的咖啡厅比要便宜多了。

91. 讨论进行得很顺利。

92. 谦虚使人进步。

93. 部长对公司有突出的贡献。

94. 长城被称为是建筑史上的奇迹。

95. 乌龟象征着长寿。

96. 儿童的心理承受能力差别很大。

97. 他们决定适当延长学习时间。

98. 她把手机里的短信全部删除了。

99. 妈妈今天给我买了一双运动鞋，是我最喜欢的牌子，这是两个月前妈妈跟我约好的，如果在这次考试中每科都能考到90分以上，就给我买我早就看中了的那双球鞋。为了能得到那双鞋，我真的在学习上下了很多功夫。

100. 前几天，我参加了小学同学的聚会。小学毕业后，我们几乎每年都有一次聚会，我一次也没落下过。我很喜欢同学们在一起的气氛，跟他们在一起好像又回到了童年，对快要大学毕业的我来说，这种感觉很特别。

91. 他把宿舍收拾得干干净净。

92. 那个设计方案获得了批准。

93. 请您马上去柜台前登记一下。

94. 会议日期不能再推迟了。

95. 他被一家外企公司录用了。

96. 门上挂着令人注目的牌子

97. 小李一直在经营一家酒吧。

98. 我们要学会从不同的角度观察事物。

99. 我妈妈是老师，她当老师已经十多年了，也算是一个经验丰富的老师了。可她每天回到家里都要为第二天的课做准备，每天都很认真。她说："我不能用过去的知识随便对付学生，我要每天都有新的东西。"

100. 我家附近有一条江，江边有一条宽宽的路，我经常跟爸爸去那儿锻炼，有时候跑步，有时候骑自行车，但骑自行车的时候更多。夏天的晚上在江边骑自行车的感觉很好，欣赏美丽的风景，吹着江风，舒服极了。

Note

91.
92.
93.
94.
95.
96.
97.
98.
99.

100.

91.

92.

93.

94.

95.

96.

97.

98.

99.

100.

91.
92.
93.
94.
95.
96.
97.
98.
99.

100.

91.
92.
93.
94.
95.
96.
97.
98.
99.

100.

91.

92.

93.

94.

95.

96.

97.

98.

99.

100.

91.
92.
93.
94.
95.
96.
97.
98.
99.

100.

91.

92.

93.

94.

95.

96.

97.

98.

99.

100.

91.

92.

93.

94.

95.

96.

97.

98.

99.

100.

新HSK 쓰기 5급

91.
92.
93.
94.
95.
96.
97.
98.
99.
100.

91.
92.
93.
94.
95.
96.
97.
98.
99.

100.

91.
92.
93.
94.
95.
96.
97.
98.
99.

100.

91.

92.

93.

94.

95.

96.

97.

98.

99.

100.

91.

92.

93.

94.

95.

96.

97.

98.

99.

100.

91.
92.
93.
94.
95.
96.
97.
98.
99.

100.

91.
92.
93.
94.
95.
96.
97.
98.
99.

100.

新HSK 쓰기 5급 **269**

91.

92.

93.

94.

95.

96.

97.

98.

99.

100.